LECTURES
OU DICTÉES

PAR

L. LELION-DAMIENS

Ancien Inspecteur au collége Sainte-Barbe
Économe du collège Rollin

OUVRAGE RÉDIGÉ CONFORMÉMENT
aux programmes officiels de 1866
POUR L'ENSEIGNEMENT SECONDAIRE SPÉCIAL
(ENSEIGNEMENT PRÉPARATOIRE ET PREMIÈRE ANNÉE)

RÉGIONS COMMERCIALES

PARIS

LIBRAIRIE DE L. HACHETTE ET Cie
BOULEVARD SAINT-GERMAIN, N° 77

1868

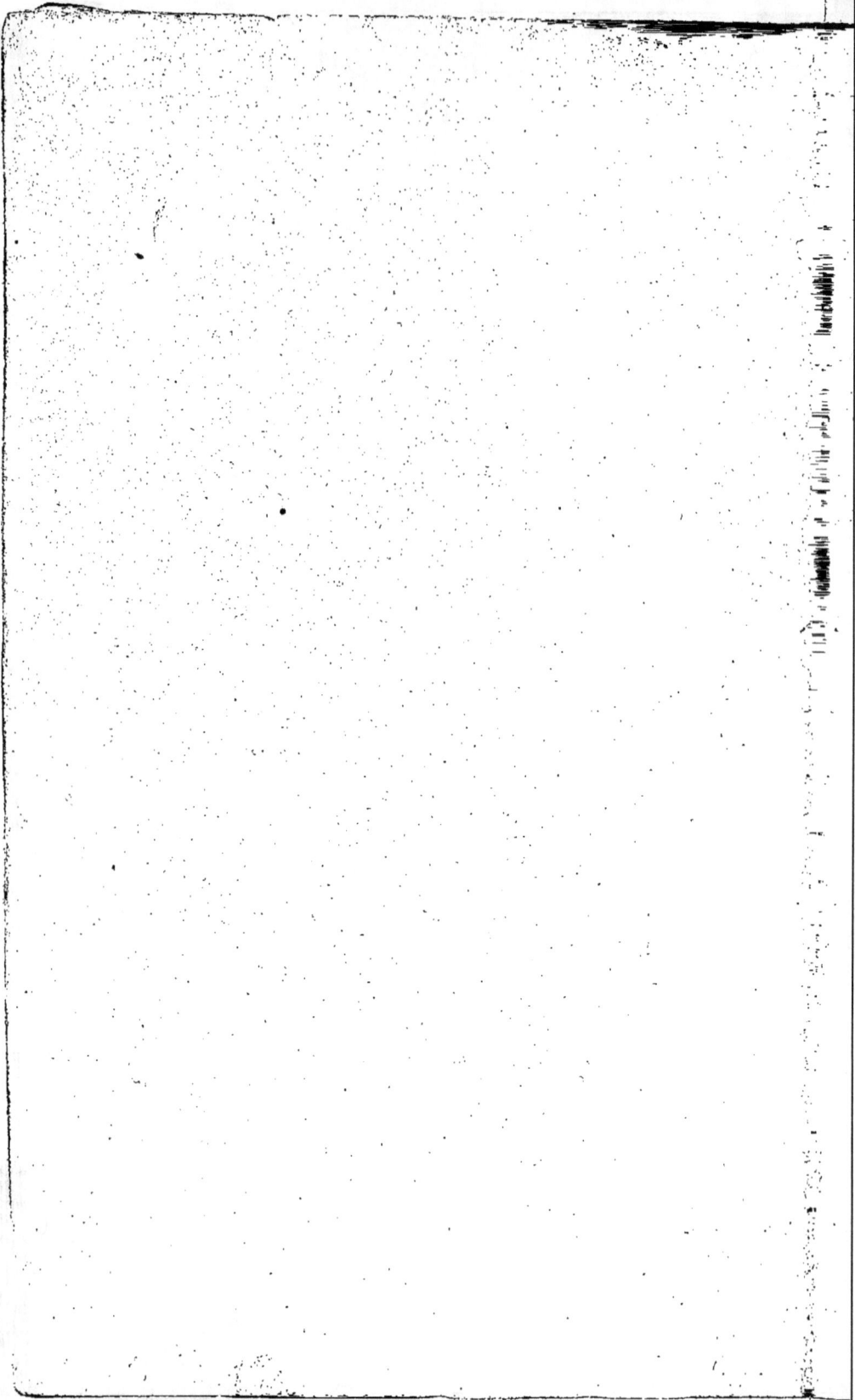

LECTURES

OU DICTÉES

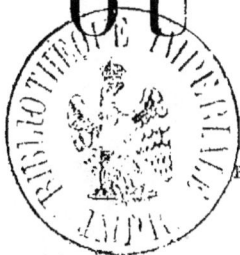

RÉGIONS COMMERCIALES

Les **Lectures ou Dictées** comprennent trois volumes qui se vendent séparément :

Tome 1er, à l'usage des régions agricoles ;
Tome 2e, à l'usage des régions commerciales ;
Tome 3e, à l'usage des régions industrielles.

Imprimerie générale de Ch. Lahure, rue de Fleurus, 9, à Paris.

LECTURES
OU DICTÉES

PAR

L. LELION-DAMIENS

Ancien Inspecteur au collége Sainte-Barbe
Économe du collège Rollin

OUVRAGE RÉDIGÉ CONFORMÉMENT
aux programmes officiels de 1866

POUR L'ENSEIGNEMENT SECONDAIRE SPÉCIAL

(ENSEIGNEMENT PRÉPARATOIRE ET PREMIÈRE ANNÉE)

RÉGIONS COMMERCIALES

PARIS

LIBRAIRIE DE L. HACHETTE ET Cie

BOULEVARD SAINT-GERMAIN, N° 77

—

1868

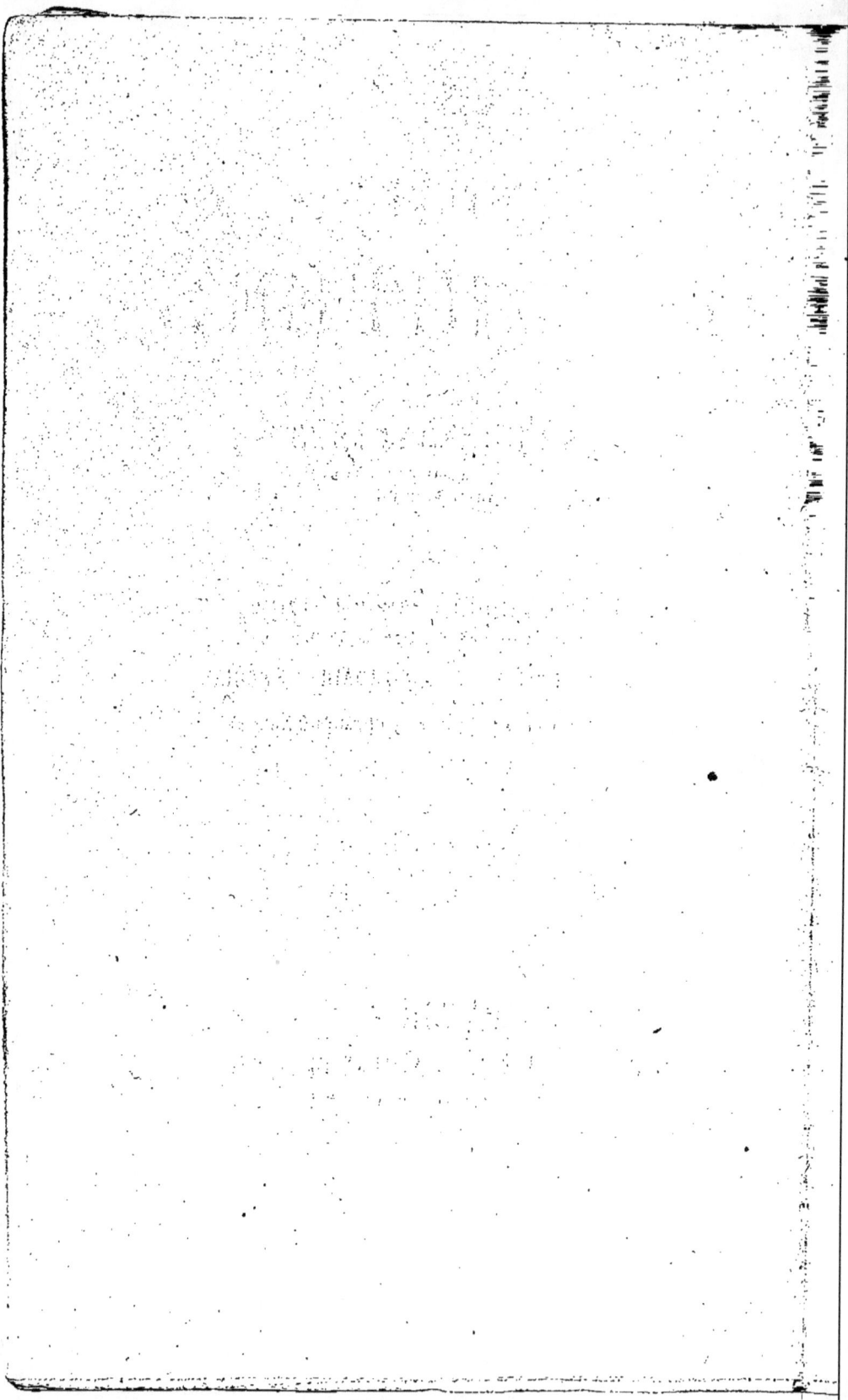

PRÉFACE.

Notre premier volume, destiné aux *régions agricoles*, a obtenu une MENTION HONORABLE à l'Exposition universelle de 1867. La Société pour l'instruction élémentaire lui a également accordé une MENTION HONORABLE. Ce double succès nous a été un précieux encouragement et nous y avons trouvé une raison de plus pour croire à l'utilité de notre travail. Notre second volume s'adresse aux écoliers des *régions commerciales*. Tous les sujets que nous aurions voulu y introduire ne s'y trouvent pas, à beaucoup près ; mais nos collègues de l'enseignement secondaire spécial sauront bien élargir à propos notre cadre. Ils traiteront, dans la forme et avec les précautions que nous avons indiquées : des sucres, du café, des épices, des fers, des plombs, des fontes, des assurances, etc.

Aussi nous ne croyons pouvoir mieux faire ici que de les renvoyer à la préface de notre recueil de Lectures ou Dictées, pour les *régions agricoles*.

L. D.

LECTURES

OU DICTÉES.

(RÉGIONS COMMERCIALES.)

(Les applications sont présentées selon l'ordre généralement adopté par les auteurs, et plus particulièrement suivant les divisions de la *Grammaire de l'enseignement secondaire spécial* par M. Sommer (1 volume in-12, cartonné, 1 fr. 50 c.)

DU COMMERCE.

1*. Acheter pour revendre, soit les matières premières nécessaires à la fabrication des divers produits manufacturés, soit ces produits eux-mêmes, constitue ce qu'on nomme le commerce.

Rien donc de plus simple en apparence. Il semble que chacun doive être propre à de pareilles opérations. L'intelligence la plus ordinaire et le savoir le moins varié suffiraient donc à la profession du commerçant.

Quoique généralement répandue, c'est là une erreur et une erreur fâcheuse.

Le commerçant, digne de ce nom, n'a pas moins besoin que tout autre d'un esprit capable de voir les choses

---

* ÉLÉMENTS DU LANGAGE, *Notions préliminaires.*

de haut et prompt à les saisir par leurs bons ou par leurs mauvais côtés.

Ses connaissances devant embrasser la totalité des productions du globe, ainsi que les ressources si multipliées que pourront offrir à ses spéculations les lieux spéciaux où naissent ces mêmes productions, ses connaissances, dis-je, n'ont pas de limites bien certaines ; plus elles seront étendues, et sans cesse entretenues, mieux cela vaudra.

Si nous considérons que pour vendre il est absolument nécessaire de savoir découvrir où sont les besoins, nous nous trouvons en face des questions de consommation. De ce côté le champ à parcourir devient immense.

Mœurs, habitudes, goûts, caractère des peuples, ce qu'ils possèdent, ce qui leur manque, ce qu'ils ignorent, ce dont ils usent, ce qu'ils préfèrent, ce qu'ils sont aptes à accueillir, enfin, tout ce qui constitue les motifs, les occasions, les nécessités des rapports des hommes entre eux, appartient à la science du commerce.

Un commerçant instruit ne le sera jamais assez. S'il est honnête homme, il a le droit de marcher de pair avec tel ou tel ordre de citoyens, que quelques-uns ont encore le tort de lui préférer.

DU COMMERCE (suite).

2*. Pour le commerce intérieur, commerce qui se fait, soit par voie de terre, soit sur les fleuves, les rivières et les canaux, dans l'intérieur d'un même royaume ou d'un même État, soit le long des côtes, de proche en proche, par des bateaux de dimension réduite et des voyages de courte durée — ce qu'on nomme la navigation au cabotage — pour ce commerce, la géographie du pays, sue dans ses moindres détails, est absolument nécessaire.

En conséquence, le vrai commerçant, pour assurer le succès de ses entreprises, devra connaître toutes les stations

* Des voyelles.

des chemins de fer. Il apportera un soin opiniâtre dans ses combinaisons de départ et d'arrivée, afin d'avoir toujours prête quelque ressource contre les embarras du roulage, la mise à sec des canaux, la crue des rivières. Il saura où prendre des renseignements certains sur la direction, la marche et le gîte des charretiers. Il n'est si petite foire, ni si humble marché dont il négligera d'examiner le rôle et l'importance.

Alors que certains ne trouveraient rien à faire, il découvrira l'occasion d'écouler un solde, ou de profiter d'une baisse accidentelle. Grand quêteur de nouvelles, il aura sans cesse l'œil au guet et l'oreille ouverte. Sans oublier jamais ce qu'il doit à sa patrie, sans tendre d'embûches à qui que ce soit, il profitera des incertitudes de la politique pour vendre et pour acheter à propos.

DU COMMERCE (suite).

3. Est-il nécessaire de définir le commerce extérieur? Non, ce nous semble; point d'hypothèse ici qui puisse nous égarer. Sachant comment se fait le commerce intérieur, nous savons ce qu'on entend par commerce extérieur. On le nomme encore généralement : — au long cours; — lorsqu'au moyen de gros navires il sort du rayon des rivages voisins et va porter notre trafic aux rivages les plus éloignés.

Le commerce extérieur offre de bien plus grandes chances de bénéfices que le commerce intérieur; mais il y a lieu de moins priser ce beau côté, si l'on s'arrête à considérer les risques maritimes.

Toutes les connaissances que nous avons indiquées comme indispensables à qui s'adonne au commerce intérieur, nous les demandons, à plus forte raison, pour le commerce extérieur. Elles y prennent une importance proportionnée à l'étendue du champ ouvert aux opérations, et, sauf pour ceux qui ne font jamais les choses qu'à moitié ou qui suivent niaisement la foule, elles embrasseront une enquête illimitée sur les productions du globe.

Ajoutez à cela que l'étude des langues vivantes doit leur servir de base, et dites-nous comment vous rangeriez parmi les ignorants le jeune négociant qui s'est sérieuse-ment préparé à l'exercice de sa profession.

DU COMMERÇANT..

4*. Bien à tort, selon nous, chacun fait d'ordinaire plus de cas du commerce en gros que du commerce de détail.

Habiles l'un et l'autre, d'une probité égale, jamais, deux commerçants m'étant connus, quand l'un m'irait chercher à Kachan les soieries, les tapis, les brocarts d'or et d'argent que fournit la Perse, jamais, dis-je, je ne me surprendrai à l'estimer plus que l'autre qui me vendra modestement et me livrera loyalement des pruneaux de Touraine. Assez de gens, qui ne manquent point de sens d'ailleurs, conserveront ce travers.

En quoi diffèrent-ils donc?... L'honnêteté est-elle moins estimable en ceci qu'en cela? L'importance de mes rela-tions, avec le premier, en fait-elle un héros d'honneur, quand il ne me trompe pas? Est-ce que le second qui fournit au hameau les denrées de première nécessité, sans en rien détourner, mérite moins ma considération?

L'argent du pauvre serait-il, par hasard, chose moins précieuse que l'argent du riche? Non, l'héritage de délica-tesse scrupuleuse que mes deux hommes s'appliquent à laisser à leurs enfants est également digne d'éloges.

Les mérites de l'hôte ne se mesurent point à l'étendue de l'hôtellerie.

Celui qui va visiter ses commettants en wagon de pre-mière classe, celui qui peut jouer son whist à vingt francs la fiche, quoi qu'il fasse pour ne s'écarter jamais des règles

---

* Des consonnes.

d'une sévère équité, ne saurait valoir plus que le marchand consciencieux, qui attend ses pratiques au comptoir et se contente, pour se récréer, de jouer au domino deux sous la partie.

DU COMMERÇANT (suite).

5 *. Ce ne sera pas une étude inutile, ici, que celle des qualités particulières que nous souhaiterions voir au commerçant.

Pour bien juger des circonstances et de l'à-propos, au moment de traiter une affaire, il a besoin d'une grande sûreté de jugement, il se défendra donc de tout excès qui pourrait nuire à la justesse de ses appréciations. Il mettra la sobriété au premier rang des vertus qu'il lui faut acquérir.

Les pertes, comme les profits, le trouveront également calme. Il s'occupera froidement de réparer les unes et de tirer parti des autres. En face des événements, souvent imprévus, il y aura dans sa conduite quelque chose du général que rien ne décourage, que rien ne trouble. Il ne sera ni dissimulé, ni menteur; mais réservé et discret.

Dans ses relations journalières, il ne se départira jamais de cette politesse exquise, qui n'exclut ni le laisser-aller, ni la franchise. L'urbanité de son langage et de ses manières sollicitera, en sa faveur, la confiance et l'abandon. On se plaira à le rencontrer. On viendra chercher ses conseils, il les donnera toujours facilement, simplement....

« Oh! voilà bien des conditions exigées, vont s'écrier quelques-uns.

— Patience! ce n'est pas tout encore. »

* Des syllabes. Des parties du discours.

DU COMMERÇANT (suite).

6*. Pour être obéi avec intelligence, il faut savoir soi-même ce que l'on veut.

Si Nicole Gauthier, qui fait venir du Bengale et de Guatemala tant d'indigo; si Joseph Harel, dont les magasins sont remplis des beaux chanvres de Russie et de Lithuanie; si Jules Bresson, qui recevait hier encore trois cents billes d'acajou d'Haïti, ignorent, lorsqu'ils vont sortir, pour se rendre au port ou à la bourse, ce qu'ils ont dessein de commander; si c'est sur le seuil de la porte qu'ils s'avisent de jeter un ordre à leurs commis, comment voulez-vous qu'il n'y ait point hésitation, méprises, dans l'exécution?

En pareil cas, portez d'avance votre attention sur les recommandations que vous devrez faire. Recueillez-vous quelques instants, formulez ensuite nettement votre volonté, soyez précis, un peu long s'il le faut, sans cesser d'être clair. Autrement, tout ira à la grâce de Dieu, et, vous n'aurez à vous en prendre qu'à vous, si rien ne s'accomplit au gré de vos souhaits.

Il y a des chances heureuses dans le négoce; mais la Providence voit d'un œil mécontent les glorieux. Quand dame Fortune daigne vous sourire, gardez-vous de renoncer à la noble simplicité, qui est comme le cachet d'une solide maison de commerce. Pour n'avoir point à regretter un luxe imprudent, contenez vos habitudes et celles de votre famille, dans ce qui est nécessaire à la dignité.

Entre l'avarice et la prodigalité, choisissez un milieu sage. Les apparences sont choses très-sérieuses; faites qu'elles vous soient favorables; car, le plus souvent, c'est sur les apparences que s'établit la bonne renommée, et, partant, le crédit.

---

* CHAPITRE I. *Du nom*: nom propre, nom commun.

DU COMMERÇANT (suite).

7 *. Malgré la multitude des embarras que donnent les affaires et la discrétion qui vous est nécessaire, pour ne pas accroître encore la quantité de ces embarras, que rien dans votre vie ne reste dans l'ombre.

Force gens auront intérêt à bien vous connaître, n'essayez point de vous soustraire à leur curiosité, et qu'au moins, après le succès, ils puissent se rendre compte des moyens qui vous ont servi pour y arriver.

Si vous êtes entouré d'une troupe de flatteurs toujours prêts à encenser votre intelligence et à se payer de leurs bassesses, en fêtant votre table, si vous donnez prétexte à supposer que nombre de vos heures sont détournées du travail, au profit de vos passions, la nuée des calomnies qui ne cesse de menacer tout homme heureux restera suspendue sur votre tête. Toutes vos précautions seront vaines pour réduire à quelques soldats le régiment des envieux. Tant que vous réussirez ils ne diront mot; mais, s'il vous arrive le moindre échec, ce régiment-là se transformera en une armée d'accusateurs.

La grêle de leurs demi-confidences, de leurs perfides condoléances, de leurs charitables : « Je le lui avais dit.... Cela devait arriver.... Il n'a pas voulu me croire, » vous écrasera et vous ne vous relèverez pas.

Il n'y a donc qu'un moyen d'échapper au trop nombreux troupeau des jaloux, employez le ce moyen ; la foule, qui a sa clairvoyance et ses heures de justice, ne s'y trompera pas.

Vous êtes riche, ou en passe de le devenir? que la plus grande partie de ceux qui vous connaissent puissent dire, au premier venu, où vous avez gagné chaque sac de votre caisse, qu'on soit à même de donner exactement le total de votre budget personnel.

Comme on saura que vos promesses sont prudemment

---

* Noms collectifs.

mesurées sur vos ressources, nul n'hésitera à appuyer votre
signature de la sienne. Tout billet, toute lettre de change,
ou quelque autre engagement que vous aurez touché de
votre plume, deviendra soudain, comme on le dit vulgairement : de l'or en barre.

Si peu que s'élève le chiffre de vos affaires, il faut que
cela soit ainsi.

DE L'IVOIRE.

8*. Ce sont les dents énormes, connues sous le nom de
défenses et que porte la mâchoire supérieure de l'éléphant,
qui nous donnent cette substance précieuse. La Russie
nous expédie en assez grande quantité l'ivoire fossile.

Cet ivoire est fourni par une race d'animaux que nos
pères paraissent n'avoir point connue, si haut que l'histoire
nous permette de remonter.

Les éléphants qui peuplent aujourd'hui les solitudes de
l'Asie et de l'Afrique sont-ils les fils de ces monstres en-
sevelis dans les glaces de la Sibérie? Qui le sait? Qui le
saura? Notre mère, la grande nature, a des mystères qu'elle
ne livrera jamais à personne.

Les lions, les ours, les hyènes, dont on rencontre dans
de certaines cavernes les os accumulés et mêlés à ceux de
plus petites espèces, vivaient, sans doute, à la même époque
que le mammouth; — c'est ainsi que l'on nomme l'éléphant
fossile. — Les maîtres de la science feront là-dessus des
suppositions, fondées peut-être, tout au moins ingénieuses
et profondes; contentons-nous de nous incliner devant la
majesté de Dieu. En face de l'immensité de son œuvre,
mesurons notre faiblesse qui n'a d'égale que sa bonté
pour nous.

L'ivoire vivant nous arrive du Sénégal et des environs
du golfe de Guinée. Nous en tirons d'Égypte une petite
quantité. Par la voie d'Angleterre, nous en recevons encore

* Du genre dans les noms.

de la Hollande, qui l'apporte du cap de Bonne-Espérance, de Mozambique, du continent Indien et des îles voisines.

On en fait, chez nous, des statuettes, des boîtes, des cachets, ainsi qu'une infinité de menus objets. C'est à Dieppe et à Paris que l'on rencontre les plus habiles ivoiriers.

DE QUELQUES PRODUITS TIRÉS DU RÈGNE ANIMAL.

9. Si l'on passe en revue, ne fût-ce que rapidement, toutes les marchandises que donne au commerce le règne animal, on est conduit à saluer dans l'homme le maître de la terre, le roi terrible qui use jusqu'à la tyrannie de sa puissance ; mais combien ce tyran devient misérable, quand il abdique sa mission intelligente et s'en remet à la brutalité des instincts pour diriger ses actes !

Il gaspille, alors, comme un enfant idiot, les biens innombrables placés sous sa main. Il descend au-dessous des animaux, à qui le Père de tous les êtres a refusé la raison, et la femme est la première victime de cet abaissement.

Chez les peuples demeurés à l'état sauvage, l'épouse, la mère, la fille, la sœur, restent assimilées aux bêtes de somme. Elles les remplacent presque partout et en tout. Les travaux, je n'ajouterai pas les plus vils, car il n'y a pas de travaux qui avilissent, mais les plus rudes, leur sont attribués, de par le droit du plus fort.

Le spectacle admirable de la nature entière, apportant avec complaisance ses richesses dans nos ports, et fournissant aussi généreusement à nos caprices qu'à nos besoins, nous a suggéré ces réflexions qui ne sont point à la louange de notre espèce. Elles nous ont un peu éloigné du sujet que nous avions l'intention d'esquisser ici, et nous nous hâtons de le reprendre sans plus longs commentaires.

DE QUELQUES PRODUITS TIRÉS DU RÈGNE ANIMAL (suite).

10*. De la peau du lion et de la lionne, de celle de l'ours et de l'ourse, de celle encore du loup, de la louve et de certains autres grands animaux : tigres, léopards, moutons, voire chiens et chiennes, on fait de chauds et confortables tapis ou des doublures de vêtements, très en usage dans les contrées de l'extrême Nord.

L'hermine, qui est la dépouille d'un petit mammifère du genre putois, est fort recherchée par nos élégantes. Pourvu qu'une femme soit riche, aurait-elle été, serait-elle encore boulangère, bonnetière ou cordonnière, elle prend volontiers des airs de cour et n'hésite pas à se parer de cette précieuse fourrure : précieuse en ce qu'elle est rare et d'une blancheur admirable, hors la queue qui reste noire, même pendant la saison d'hiver, époque que l'on choisit pour chasser l'animal. Aussi l'hermine ne figurait, naguère, que dans la toilette des princesses, comtesses, duchesses, baronnes, marquises et autres personnes de qualité. Il en est autrement aujourd'hui. Toute dame, jeune ou non, toute demoiselle, dans l'âge de celles que les poëtes d'autrefois auraient nommées jouvencelles, aspire à porter cette merveille.

DE QUELQUES PRODUITS TIRÉS DU RÈGNE ANIMAL (suite).

11. Comme l'hermine vraie coûte cher, on se rabat sur les imitations, qui sont l'objet d'un commerce important. Les blanchisseuses, les parfumeuses, les confiseuses peuvent ainsi donner satisfaction à leur vanité et jouer de loin à l'ambassadrice.

Nous sommes de ceux qui blâment les travers de ces pécheresses orgueilleuses. Il nous déplaît qu'on ne puisse

---

* Formation du féminin dans les noms.

aisément reconnaître la maîtresse ou la servante, une lectrice chez la reine, ou la gouvernante des enfants d'une cantatrice en vogue. Pour les hommes, comme pour les femmes, nous souhaitons que chacun conserve l'habit de son état et se plaise à le porter.

Vous êtes, madame, opulente orfévre, professeur de musique, directrice d'une petite industrie qui vous fait vivre, contentez-vous sagement d'une intelligente simplicité, c'est ce qui convient le mieux à vos ajustements, cela n'exclut ni le goût, ni la grâce.

Il faut laisser aux chanteuses les déguisements. Ils appartiennent à la profession des gens de théâtre. Je sais bien que les dames se diront meilleures juges en ceci que tel ou tel censeur. Elles resteront, malgré les plus éloquents discours, partisans résolus, amateurs incorrigibles de l'égalité devant la mode.

Nos bourgeois au moins ne prétendent point à l'hermine. On l'a seulement conservée dans l'église, dans la magistrature et dans l'université comme signe distinctif des dignités. Le manteau d'apparat des rois, des reines, des empereurs et des impératrices est aussi fait du pelage de l'hermine. Ces augustes personnages ne s'en parent cependant que dans les cérémonies exceptionnelles, comme le couronnement ou le sacre.

DE LA COCHENILLE.

12*. Quel enfant n'a entendu, comme nous autrefois, des gens, sérieux en apparence, affirmer qu'à Pâques prochain les poules pondraient des œufs rouges? Si la chose nous paraissait surprenante, nous l'acceptions sans conteste. Notre légèreté naturelle devenait une aide commode pour le plaisant. Nous nous confiions à la gravité du personnage. Elle nous semblait une enseigne dont les dires ne pouvaient être mis en doute, et nous attendions les œufs

---

* Irrégularités dans le genre des noms.

rouges pour faire Pâques joyeuses au déjeuner qui suit le carême. Notre âge nous permettait encore de rêver ces innocentes délices, en face de la grandeur du jour.

La foule est une enfant non moins légère, non moins facile à accepter les apparences, que nous l'étions alors. J'en ai un exemple dans cette opinion longtemps répandue que la cochenille serait la graine du nopal.

Si prudente que soit la garde que font, contre pareilles erreurs, les gens instruits; tout aigles vigilants qu'ils peuvent paraître dans l'art d'observer, il est bien quelques croyances du même genre encore en possession de la crédulité publique. Et j'imagine qu'un espace de temps fort long, trop long certainement, s'écoulera avant que la dernière n'ait fait place à la vérité.

Réjouissons-nous, quand les plus tenaces de ces croyances, qui survivent sous la protection des vieilles gens, n'offrent point plus de danger que celle dont nous allons nous occuper.

DE LA COCHENILLE (suite).

13. La cochenille est un insecte, aussi intéressant par la singularité de ses mœurs que par le produit précieux qu'il fournit à la teinture.

Pour diriger une éducation de cochenilles, on construit, au Mexique, où on les cultive, de petits nids en fibres de palmier. On accroche ces nids aux épines du cactier ou nopal, on y dépose huit ou dix femelles desséchées. Ces femelles contiennent alors une myriade d'œufs microscopiques. Le soleil fait son œuvre habituelle. Arrivés bientôt au dernier période de leur développement, ces œufs donnent naissance à des larves qui envahissent le végétal et s'y nourrissent. Les gens préposés à la garde des nopaleries surveillent la dernière période des métamorphoses. Le moment venu, ils récoltent les insectes et les font sécher, soit dans des fours ad hoc, soit en les plongeant dans de l'eau bouillante.

Les livres qui traitent de l'histoire naturelle vous enseigneront quelque chose de plus complet; je m'en tiens à ces indications générales. Dans le commerce, on trouve la cochenille sous forme de petites boules irrégulières, noirâtres ou couvertes d'une poussière blanchâtre. Elles ont le volume d'un grain d'orge sèche ou d'orge mondé. Si on les met dans l'eau, elles se déroulent, et il est alors facile de découvrir les anneaux dont se compose le corps de l'animal.

C'est avec le principe colorant fourni par la cochenille qu'on prépare la couleur rouge du carmin et la laque, dite carminée. On nous envoie ce précieux produit dans des sacs recouverts d'un jonc ou d'un cuir. Une couple de ces surons pèse ordinairement de cent cinquante à cent soixante kilogrammes.

DU KERMÈS. — DES CANTHARIDES. — DES CORNES. — DES BOIS.

14. Le kermès ressemble beaucoup à la cochenille. Il vit sur un chêne d'une espèce particulière. On détache la coque où s'est enfermé le kermès avant que les œufs que porte cet insecte ne soient éclos, et quand lui-même y a acquis toute sa grosseur. La besogne est facile, la main d'une femme, voire même d'une petite fille, d'une enfant, y suffit.

Cette coque est soumise à une dessiccation analogue à celle de la cochenille. Elle nous arrive ronde, lisse, luisante, rouge-cerise. Son goût est un peu amer et assez agréable. On l'utilise en pharmacie et pour la fabrication des liqueurs, ainsi que pour la teinture.

— Vous avez vu dans nos jardins pendant l'été, et jusqu'en automne, quand il est beau, de jolies mouches oblongues, vertes, chatoyantes, à reflets dorés. Ce sont des cantharides.

Elles ont une odeur forte et nauséabonde, réduites en poussière, elles servent à la confection des emplâtres. Il n'est pas de garde-malade un peu intelligente qui ne connaisse leur efficacité et aussi la discrétion avec laquelle on les doit appliquer.

On nous les expédie d'Allemagne, de Sicile et d'Italie.

— L'emploi des cornes est connu de chacun. Nous donnerons, pour seul exemple de l'usage qu'on en fait, les peignes et les boutons. Outre celles que le continent nous fournit, il nous en vient une quantité considérable du Brésil et de l'Irlande.

Les bois du cerf et du daim servent aux œuvres communes de la tabletterie et de la coutellerie.

Nous avons déjà parlé de l'ivoire; les touches des grandes orgues de nos églises ainsi que celles de presque tous nos pianos sont plaquées de cette matière.

Signalons par complément les dents de l'hippopotame. On en tire un ivoire très-blanc et qui ne jaunit jamais. C'est là une précieuse propriété puisqu'elle permet au dentiste de nous prêter une aide discrète, quand nous atteignons la dernière période de la vie et commençons à sentir, ci et là, un espace vide dans notre bouche.

DES ÉCAILLES.

15. La couleur de rose rouge et de jaune doré dont se composent les taches transparentes du caret et de la tortue franche, désignaient, tout naturellement, l'écaille de ces animaux à l'ornementation délicate. La plus rare nous est expédiée des mers de la Chine et du Japon. Elle a le fond noir avec des jaspures jaune clair et bien détachées.

C'est un délice pour les bons ouvriers en marqueterie, qui sont des artistes, de travailler cette écaille. Tel qui veut entreprendre son premier œuvre de maître n'aura garde d'en choisir d'autre.

Les touches de tout piano très-riche ou de tout bel orgue de luxe en sont ordinairement recouvertes, à moins qu'on ne lui préfère la nacre. On en décore aussi les caisses de ces instruments. Elle entre à profusion dans les tables, les chiffonnières, les cassettes, les pendules rehaussées de cuivres.

Nous en recevons aussi des Seychelles, mais elle est

inférieure. Puis vient celle d'Égypte, expédiée de Bombay, par la voie d'Alexandrie.

Enfin, nous en tirons d'Amérique une quatrième sorte. Elle est d'une couleur plus rougeâtre et à plus grandes jaspures.

Quelques choses que nous ayons dites à propos des produits tirés du règne animal, nous n'avons fait qu'effleurer notre sujet. Nous aurions à parler encore des laines, des poils, des soies, des crins, du musc, du miel, de la soie, etc.

Notre rapide énumération ne peut pas se terminer sans une hymne à la Providence, tant elle a été, envers nous, généreuse et prodigue de ses biens.

DE L'ÉCRITURE.

16. Voici un sujet très-important, et nous le traiterions avec un amour tout particulier, si l'étendue de ces courtes études le permettait.

Nous ne croyons pas cependant à propos de prendre les airs d'un foudre d'éloquence, pour établir l'utilité incontestable d'une écriture bien rangée, commode à lire.

Dans vos notes ou vos lettres, il n'est pas nécessaire que vous recherchiez la netteté d'un exemple d'écriture. Votre main peut courir un peu vite sur le papier, sans que vous vous astreigniez à suivre, en les comptant, les mouvements mesurés d'un pendule. Soyez propre et bien ordonné, dans la disposition générale, cela suffira.

Mais il faut respecter le temps de vos correspondants, et ce serait le leur faire perdre que leur donner à déchiffrer des hiéroglyphes. Nous n'habituerons donc jamais trop tôt le jeune homme qui se destine au commerce, à se surveiller sur ce point. C'est quand il n'est encore qu'un enfant qu'il convient de le mettre en défiance contre un laisser-aller fâcheux.

Soignez surtout votre signature. N'envoyez jamais un écrit quelconque, ou fripé, ou souillé, ou taché d'encre.

Un garde-main n'est pas d'un emploi bien gênant ; ne dédaignez pas trop de vous en servir.

Si la distance entre les mots n'a pas besoin d'être accusée, comme par les espaces ajustées des imprimeurs, attachez-vous, cependant, à les séparer suffisamment ; qu'ils ne s'enchevêtrent pas les uns dans les autres et que vos lignes marchent comme deux parallèles régulières, sans se rencontrer jamais.

La gent des beaux esprits sourira de ces recommandations, en apparence puériles ; laissez sourire et prenez au sérieux les détails dans lesquels nous entrons ici, vous aurez à vous en féliciter.

Si j'avais une trompette propre à cet office, je la ferais sonner tout le jour, pour proclamer ces prétendues puérilités.

L'écriture est la parole peinte. Que diriez-vous d'un sot qui, par genre, se serait habitué à bredouiller ?

Bredouiller ou griffonner, croyez-moi, c'est à peu près une même infirmité volontaire. Tous les : — Quel ennui ! Malheur ! Que la foudre m'écrase ! — et autres exclamations déplaisantes dont vous ne manquerez pas de vous accabler tôt ou tard ne remédieront à rien. Apprenez donc, jeune, à bien écrire.

DE LA CORRESPONDANCE.

17. Les lettres de commerce seront, avant tout, positives, claires et brèves. A l'occasion d'une commande de blé à Odessa ou à New-York, n'allez pas vous prendre à raconter les désastres d'une automne pluvieuse, ou à chanter des hymnes gracieux sur le charme des guérets dorés. Si une querelle entre peuples voisins nuit à vos spéculations, ne vous laissez pas entraîner à des imprécations contre les aigles guerrières, contre les foudres menaçantes, qui s'apprêtent à troubler la félicité des couples fiancés et font peur aux amours permises.

Dites simplement, et avec précision, la chose qui vous

importe et tenez-vous-en là. Laissez le reste à la gent des hommes de lettres de profession.

Qu'un enseigne de vaisseau, durant son premier voyage autour du monde, qu'un sous-lieutenant, à sa première campagne, usent d'un style analogue, nous le leur permettons à l'un et à l'autre, surtout s'ils s'adressent à leur mère ou à leur sœur. L'épisode de la sentinelle perdue est vieux; mais il ne manque jamais son effet. La description d'un foudre, comme celui de Heidelberg, vaut la peine qu'on s'y arrête, surtout si l'on a aidé à la conquête du tonneau.

Pour vous, nous ne saurions essayer d'établir ici un parallèle. Les périodes pompeuses ou seulement développées ne sauraient vous convenir.

Vous ne vous ferez pas davantage le trompette des nouvelles banales. N'oubliez jamais que vous écrivez à des gens occupés de leurs propres affaires et pour qui les vôtres n'ont d'intérêt que si elles élargissent ou diminuent votre crédit.

Vous vous réserverez les lettres importantes. S'il vous faut absolument un aide, prenez un commis intelligent, confiez-lui seulement ce qui demande des formules générales et connues. Dans tous les cas, ne signez jamais sans avoir relu. Toute lettre commencera par le nom de la personne destinataire. Les termes de politesse qui la termineront devront y tenir peu d'espace. La date nous semble mieux placée en haut de page qu'en bas. Au reste, de bons modèles vaudront mieux que tous nos enseignements. Procurez-vous le copie de lettres d'une maison bien dirigée, lisez-le attentivement et vous apprendrez, en quelques heures, tout ce qu'il importe que vous sachiez.

DES MAGASINS.

18*. Les magasins doivent être l'objet d'une constante surveillance de la part du négociant ou du commerçant. Il y fera une visite tous les jours et souvent une contre-visite. Le mauvais arrangement des marchandises peut y causer des dommages sérieux. La non-réussite d'une spéculation n'a parfois d'autre cause que les avaries, amenées par le manque de soin.

On profitera de la morte-saison des affaires pour procéder à des nettoyages à fond; mais on agira avec précaution, avec ordre, dans ces sortes de branle-bas annuels. Rien n'est plus déplaisant que le pêle-mêle d'une boutique de bric-à-brac. Il est bon d'avoir un garde-magasin spécial, et il faut n'en avoir qu'un responsable.

Proscrivez les passe-partout, ils mettent votre fortune dans trop de mains, imposez donc une clef unique.

Ordonnez qu'on ne se préoccupe que de la solidité des piles, sans y chercher des imitations d'arc-de-triomphe. Le premier rang comme l'arrière-rang doivent être disposés solidement et simplement. Que l'accès vous en soit facile, il est bon que vous puissiez tout voir en un clin d'œil et que la recherche des quantités ou des qualités ne vous devienne pas un casse-tête. Laissez, par en bas, d'étroites entrées pour le va-et-vient des chats, par en haut, pour celui des chats-huants, s'ils habitent le voisinage et veulent chasser chez vous.

Faites poser les denrées qui craignent beaucoup l'humidité sur des claires-voies peu élevées. Vous pouvez remiser dans les cours, mais sous un avant-toit tout ce qui arrive en vragues dans les navires.

Vous établirez un livre particulier pour les entrées et les sorties. Vous exigerez qu'il soit bien tenu, vous le vérifierez fréquemment. Vous en établirez au comptoir la

---

* Genre des noms composés.

contre-partie. Si votre employé ne s'exécute qu'avec une demi-soumission et vous semble chercher des faux-fuyants inattendus, congédiez-le, pour en prendre un autre qui mette une bonne grâce entière à suivre vos volontés.

Si cet autre a la manie du remue-ménage et se donne pour passe-temps habituel la peine de déranger, sous prétexte de ranger mieux, congédiez-le encore.

LETTRE DE COMMERCE.

19 *   Havre, 20 avril 18..

> *Messieurs Dumont, à Nantes;*
> *Martin, à la Rochelle;*
> *Dubois, à Bordeaux.*

Le porteur de la présente lettre est monsieur Evans, de la maison Barker Wilson et Compagnie, de Newcastle. Il se rend dans la contrée que vous habitez, afin d'y établir des relations pour la vente des articles de Newcastle, et particulièrement des charbons.

Je vous prie, Messieurs, de procurer à M. Evans, dont l'honorabilité m'est connue, les renseignements dont il aura besoin. Je regarderai comme un service personnel tout service, qu'avec votre bienveillance ordinaire, vous voudrez bien lui rendre.

La maison Barker Wilson et Compagnie, jouit d'une renommée de loyauté méritée. Je suis persuadé qu'on n'en peut choisir une plus à même de traiter avantageusement ses commettants et qui ait la coutume de le faire avec une probité plus grande.

J'accrédite près de vous M. Evans, pour une somme qu'il a fixée lui-même à deux mille cinq cents francs.

Veuillez, dans cette limite, vous tenir à sa discrétion. Il

---

* Du nombre dans les noms.

vous remettra des reçus en double, vous aurez l'obligeance de m'en transmettre un original.

Par réciprocité, vous disposerez sur moi, à vue, pour la somme que vous aurez fournie à M. Evans, plus vos frais et dépens.

Agréez à l'avance, Messieurs, mes remerciments et l'assurance de ma considération la plus distinguée.

Votre obéissant serviteur,

LEFEBVRE.　　

P.-S. Nous avons eu ici, cette après-dînée, un brouillard qui nous a tenus cinq heures dans les ténèbres. Les navires n'ont pu ni entrer, ni sortir.

AUTRE LETTRE.

20　　　　　　　　Newcastle, Upon Tyne, 10 mai 18..

Monsieur Lefebvre, au Havre.

M. Evans nous a transmis l'ordre que vous lui avez donné, pour trente chargements de charbon qui vont être expédiés, selon vos indications, avec toute la célérité possible.

Ci-inclus, nous avons l'honneur de vous remettre connaissements à quatre chargements :

490 tonneaux gros charbons.
200　　»　　pour maréchal.
200　　»　　pour gaz.

Ensemble 890 tonneaux. Vous en avez, d'autre part, facture s'élevant à 7037 francs 50 centimes, dont vous voudrez bien nous créditer, valeur du 9 courant.

Nous pensons que vous agiriez avec prudence, si vous faisiez l'assurance ici. La prime ne serait pas plus élevée qu'en France; le règlement, en cas de pertes ou d'avaries, serait fait au moins aussi vite que chez vous. Nos navires charbonniers prennent la mer dès qu'ils sont chargés, c'est au départ et le long de nos côtes qu'ils courent le plus de dangers; s'il y avait sinistre, vous pourriez, par le télégraphe, en être informé, avant même d'avoir reçu avis de l'expédition, et l'assurance faite en France serait discutable.

Le nommé Lawrence, sur le compte duquel vous nous demandez des renseignements, faisait sur notre place le commerce des blés. Il est, dit-on, fort actif, fort intelligent; mais de mauvaises mœurs.

Nous vous remercions sincèrement de l'accueil bienveillant que vous avez fait à M. Evans.

Un malheur vient d'arriver à notre mine de Cowpen; trente ouvriers y ont été frappés du grisou.

M. Barker part pour les funérailles et aussi pour porter des secours. Il trouvera bien des pleurs à sécher, bien des misères à soulager.

AUTRE LETTRE.

21 Havre, 15 mai 18..

Messieurs Barker, Wilson et Cⁱᵉ, à Newcastle.

J'ai reçu votre honorée lettre du 10 courant; elle me portait les connaissements de quatre chargements de charbon et la facture qui s'élève à 7037 francs 50 centimes, dont vous êtes crédités, valeur 9 courant.

Ci-inclus vous trouverez :

7100 francs   Londres, fin courant.
Veuillez en créditer mon compte.

Les observations que vous m'adressez relativement à l'assurance sont importantes, j'en reconnais la justesse et je vous prie de faire désormais assurer pour moi aussitôt que les charbons seront embarqués.

Merci de votre renseignement sur M. Lawrence; l'activité est un mérite, l'intelligence un bonheur que j'estime à leur prix; mais les mauvaises mœurs me répugnent. Elles peuvent mener loin les hommes qu'elles dominent et je n'ai point d'entrailles pour ces gens-là.

M. de Saint-Sauveur passera très-prochainement chez vous. Il s'y présentera de ma part. Je vous serai reconnaissant du bon accueil que vous lui ferez. M. de Saint-Sauveur est un Français de vieille souche, il parle peut-être un peu trop de ses ancêtres; mais vous trouverez en lui le plus galant homme qu'il soit au monde.

Je vous salue cordialement.

LEFEBVRE.

AUTRE LETTRE.

Londres, 15 avril 18..

Monsieur Scott, à Nantes.

Au reçu de la présente, vous vous rendrez à Rouen, puis au Havre. Vous vous renseignerez sur l'état du marché et vous nous informerez aussitôt de ce qu'on y peut faire. Nous serons en mesure d'expédier à bref délai :

3000 plaques zinc de Silésie.

     50 blocs étain ordinaire de 160 kilog. en moyenne.

1000 saumons de plomb, bonnes marques.

6000 lingots cuivre de Cornouailles.

Vous recevrez à Rouen une lettre de nous qui vous fixera sur les conditions.

Agréez nos meilleurs compliments.

THOMPSON ET Cie.

22   **AUTRE LETTRE** (Réponse).

Havre, 25 avril 18..

Messieurs Thompson et Cie.

J'ai trouvé à Rouen les affaires nulles; elles paraissent

cependant devoir reprendre bientôt un peu d'activité. Les zincs, les étains, les plombs y sont rares, ce qui m'a permis de traiter avec la maison Letourneur pour :

500 plaques zinc Silésie,
20 blocs étain ordinaire,
50 saumons plomb, marque Darlington,

aux conditions détaillées dans votre lettre du 16 courant qui m'est parvenue, à Rouen.

Le marché du Havre a bonne tenue.

L'arrivage des cuivres de Russie a manqué.

J'ai promesse pour 5000 lingots, mais, comme le rabais que m'a demandé M. Morel dépasse de $\frac{1}{2}$ pour cent la limite que vous m'avez indiquée, je n'ai rien terminé, j'attends vos ordres.

Mme veuve Julien et fils sont disposés à se livrer de :

1000 plaques zinc de Silésie.
1000 chapeaux de Malacca.

Cette dernière sorte ne figurant pas dans l'état de vos approvisionnements que j'ai sous les yeux, j'ai demandé vingt-quatre heures pour vous répondre.

Votre obéissant serviteur,
SCOTT.

DÉPÊCHE TÉLÉGRAPHIQUE.

Londres, 25 avril 18..

Monsieur Scott au Havre, hôtel du Sud.

Traitez étain, Malacca, livrable fin courant. — Refusez Morel.

THOMPSON ET Cie.

Havre, 27 avril 18..

Messieurs Thompson et Cie.

Conformément à votre dépêche d'avant-hier soir, j'ai terminé l'affaire engagée avec Mme veuve Julien et fils.

Morel ayant renoncé au $\frac{1}{2}$ qui nous séparait, j'ai pu également finir avec lui.

Comme à Rouen, j'ai conclu ici à nos conditions ordinaires : Traite sur l'acheteur, à trois mois de la date des connaissements, ou, s'il le préfère, au comptant, sous escompte de trois pour cent, réglable dans les trente jours, en valeurs de courte échéance, sur Londres ou Liverpool.

Votre obéissant serviteur,
SCOTT.

DE PARIS.

23* Le couronnement d'une série de fort déplaisants procès m'amena pour la première fois à Paris, il y a environ vingt ans. J'y cherchais, sinon au rabais, tout au moins à bas prix, un logis sortable, quand mon heureuse fortune me conduisit chez les fils d'un ami de mon père. Gens estimables entre tous et de la meilleure compagnie, ces chers hôtes, par leurs dehors affables et la sincérité de leurs offres de services, m'eurent bientôt mis à l'aise.

Ils me proposèrent, très-courtoisement, de consacrer leur temps à me promener par la ville. Admirateurs passionnés de la capitale, ils répétaient comme péroraison de leurs discours: Vous verrez, vous verrez, il n'y a pas deux Paris! J'étais en somme de leur avis et j'eusse volontiers fait chorus, mais je ne pus mettre à profit leur bienveillant concours, absorbé que je fus par les embarras de mon affaire. Il s'agissait pour moi de contredire les totaux d'un devis où l'on avait poussé, jusqu'à l'excès, l'exagération des chiffres et fait un étrange abus de ma bonne foi.

En homme de sens, j'essayai d'abord des compromis; mes adversaires répondirent par des refus, ils ne voulurent rien entendre. Rompus d'ailleurs aux us de la chicane, ils parvinrent à traîner les choses six mois durant de délais en sursis.

---

* Formation du pluriel dans les noms.

•Je pliais sous le faix; épouvanté des frais, je voyais ma bourse s'épuiser sans pour cela me sentir approcher du succès. Fort à propos un avocat habile autant que loyal me donna ses avis et voulut bien se charger de mes intérêts. Grâce à l'heureux choix de ses moyens, j'obtins enfin gain de cause.

Mes hôtes voulurent alors me retenir, je me devais, disaient-ils, quelques jours de repos. D'une commune voix, ils insistaient pour que je leur consacrasse au moins huit jours. Je résistai à grand'peine, mais je résistai, tant j'avais hâte de retourner au pays pour y célébrer mon légiste que le plus admiré des héros n'égalait pas à mes yeux.

DE PARIS (suite).

24. L'été passé, j'ai fait mon second voyage à Paris, cette fois sans autre motif que la curiosité. Quel provincial n'y. a un peu montré son nez à l'occasion de l'Exposition universelle? Mes amis n'eurent pas besoin d'exciter mon enthousiasme. Leur recours à cette exclamation : il n'y a pas deux Paris ! devenait tout à fait inutile, en face de ce que j'avais à admirer.

Élargie aujourd'hui jusqu'aux verts talus de ses fortifications, l'antique Lutèce présente une surface tout à fait digne de ses hautes destinées.

Devenu, par les chemins de fer pour lesquels on a disposé de larges accès, le cœur de la patrie comme il en était déjà la tête; entouré de manufactures innombrables, d'usines merveilleuses, d'ateliers gigantesques où travaillent à la fois les bras des machines et les bras des hommes, ce glorieux Paris offre au voyageur un spectacle vraiment grandiose. Les hôtels, les monuments, les palais qu'il renferme et qu'on y rencontre tous les mille pas; les rues superbes, les vastes boulevards qu'on y a ouverts, en font justement un objet d'envie pour tous les peuples de la terre jaloux de sa richesse et de sa puissance.

Ce n'est pas que les promenades m'aient toujours paru

commodes à travers le gâchis, le chaos des démolitions. J'en gémissais bien un peu; mais guérit-on les infirmités sans y porter le scalpel et les ciseaux? Paris, le vieux Paris, n'était-il pas, en vérité, très-infirme? N'avait-il pas des plaies profondes, des abcès hideux, que diminueront, s'ils ne les guérissent absolument, la propreté, la lumière et l'eau?

Quand les abatis de vieilles maisons seront terminés, quand le dernier amas de bicoques, quand les derniers débris, les derniers tas de plâtras seront enlevés, j'imagine que le séjour du jeune Paris deviendra très-sain pour les habitants. J'espère que le parcours en sera plus facile aux étrangers qu'au temps des taudis heureusement disparus.

DES ARTICLES DITS DE PARIS.

25. En devenant comme l'entrepôt général de la France, Paris n'a point renoncé à ses industries particulières. Les objets manufacturés qu'on nomme articles de Paris, plus qu'autrefois encore envahissent les marchés du monde, et vont, en tous lieux, porter les témoignages de notre civilisation.

Si pénibles que soient de tels aveux, partout on a reconnu que, jusqu'à ce jour, nos ouvriers d'art n'ont pu être surpassés. On leur accorde, sans contestation, la grâce, l'élégance, la délicatesse. Des moindres anneaux, ils font des joyaux. Ce sont jeux de leurs mains habiles que de ciseler finement des plateaux et toutes les fantaisies de l'orfévrerie de table ; candélabres ou simples flambeaux; pendules riches ou coucous de salle à manger; jouets de grand luxe ou joujoux de deux sous, cailloux sans valeur ou pierres étincelantes de feux; ils impriment à chaque œuvre un cachet de bon goût et de fini, qui est la plus recommandable des marques de fabrique.

Entre mille choses variées qu'il faudrait énumérer, citons les bijoux d'or, d'argent, d'aluminium, d'acier, d'alliages divers, les parures des mêmes métaux, les nombreux petits meubles d'usage intime, coffrets incrustés ou décorés de clous et de ferrures légères, à courbes charmantes; les cadres porte-carte, les jardinières d'appartement, les vide-poches en bois sculpté; les encriers, cachets, couteaux, presse-papiers; enfin les innombrables riens d'étagère, qu'ils soient d'un prix tout à fait minime ou qu'ils coûtent fort cher.

La mode fournit son contingent à l'exportation, et ce n'est pas le moindre. Robes, chapeaux, chaussures, trousseaux complets, choux et pompons, chiffons de toute nature, plumes de geais, de loriots, de pies, de corbeaux, de hiboux et d'oiseaux exotiques, qui nous sont venus en peaux; rubans et manteaux de soie ou de velours sont recueillis chaque année et expédiés par des commissionnaires spéciaux, gens entendus, qui connaissent les goûts de leurs clientes d'outre-mer, et savent devant quelles merveilles elles se mettraient à genoux.

DES ARTICLES DE PARIS (suite).

26. On range encore dans la même catégorie les cartonnages élégants qui servent aux confiseurs et qui accroissent le charme des régals en famille, ou des politesses aux visites du premier jour de l'an.

Dans les bals des contrées les plus lointaines, ce sont des éventails de Paris que portent les danseuses.

Les mains rudes et pleines de cals de leurs époux ou de leurs frères se dissimulent, de leur mieux, dans des gants de Paris. Les plus élégants, gênés comme chevaux aux travails, se tiennent roides dans des habits payés aux tailleurs de Paris. A tous les carnavals, vous rencontreriez quelques costumes au moins, sortis des ateliers de la métropole des plaisirs. Les coraux lui arrivent en branches de la mer Rouge et des rivages de la Sardaigne; Paris les renvoie au monde entier en pendants d'oreilles, en épingles, en colliers. Devant ses émaux faits d'hier, on oublie ceux de Venise.

L'attirail des essences, des cosmétiques, des fards, dont usaient les dames romaines, semble presque modeste à côté des inventions de la parfumerie parisienne.

Nous n'entrerons point dans les détails des travaux multipliés que demande la seule fabrication des poupées dont Paris a le privilége. Dans un atelier bien entendu, et de quelque importance, une demoiselle ici taille les robes, ajuste les camails ou les manteaux, une autre prépare les souliers et les bas, une autre les cols, une autre encore les cheveux et la coiffure, une dernière donne la grâce, la tournure, l'air « comme il faut » au personnage.

Depuis les diables noirs qui s'élancent des boîtes à surprise, très-niais épouvantails selon nous, jusqu'aux moutons dans leurs bercails de bois peint, que de jouets n'a-t-on pas inventés et dont quelques-uns ont fait la fortune des inventeurs !

La peinture elle-même pourrait, dans une certaine proportion, et au point de vue du commerce, compter parmi les productions de Paris. Une part assez notable des capitaux étrangers sert, chaque année, à l'acquisition de tableaux fabriqués pour vivre, par des artistes qui n'ont pu s'élever plus haut.

Parmi nos illustres, on en pourrait citer plus d'un qui ayant couru par monts et par vaux, afin de faire connaissance intime avec la nature, se trouvait jadis fort heureux, de copier, l'hiver, dix fois le même paysage pour un marchand de ces choses-là. Certainement, il aurait mieux valu peindre des émaux ou des éventails ; mais c'est à pied que l'on gagne des chevaux, et ceux qui ne dédaignent point d'amasser de l'argent à ce métier nous paraissent plus louables que les orgueilleux qui se croiraient déshonorés de travailler, comme un cordonnier, pour l'exportation.

DU SOUFRE.

27*. Le soufre est, aux yeux des chimistes, l'un des corps les plus curieux à connaître, en raison des nombreux services qn'il nous rend. Il a de tout temps donné lieu à d'intéressants travaux. Ce n'est pourtant qu'à la fin du dernier siècle que les savants français reconnurent la simplicité de nature de ce corps et le rangèrent parmi les éléments.

On le rencontre surtout dans les contrées dotées des plus beaux ciels, et où les volcans sont en activité. Le Vésuve, l'Etna, les volcans de l'Islande, de Java, de la Guadeloupe, de l'Amérique méridionale en vomissent constamment.

Les environs de certains volcans éteints en sont tellement imprégnés, qu'on leur a donné le nom de terres de soufre, de solfatares, de soufrières. Telle est la solfatare de Pouzzoles que l'œil du voyageur rencontre auprès de Naples, dans le golfe de Baies, la ville si chère aux ancêtres des Romains d'aujourd'hui. Nos aïeuls ont encore pu s'approvisionner de soufre de Pouzzoles; mais, depuis quelques années, il n'en passe guère sous les yeux de nos négociants et la Sicile semble avoir, désormais, le monopole de ce produit.

Les centres de production les plus importants sont situés à Girgenti, Caltanisetta, Licata, Centorbi, Sommatino, etc. Vingt mille personnes environ, sur une population de deux millions d'individus, y trouvent un travail facile. Malheureusement, on a conservé un mode vicieux de préparation qui nuit à la santé des ouvriers, non moins qu'à l'agriculture. Au voisinage des ateliers tout à fait primitifs qui servent encore à la purification grossière des produits, vous ne trouveriez trace de la moindre végétation, quelle que soit d'ailleurs la sérénité du ciel en

---

* Irrégularités dans le pluriel des noms.

ces heureuses contrées. Les œils de bouc, les œils de chien, ni les œils de soleil, faciles pourtant et prompts à se multiplier, sous d'autres cieux, comme toutes les marguerites, tous les plantains, toutes les matricaires, ne peuvent y vivre; le sol est partout sec et brûlé.

En général, le soufre nous arrive à l'état brut, on le raffine à Marseille, au Havre, à Rouen qui le livrent au commerce, soit sous la forme de canons, soit à l'état de fleur.

Un gisement de soufre très-abondant fut découvert, en 1850, près de Bohar, sur le littoral de la mer Rouge. Après plusieurs travaux présentés par les ingénieurs aux ministres égyptiens, l'autorisation d'exploiter fût accordée. Quoique les prix de la main-d'œuvre fussent peu élevés, puisque les ouvriers d'aujourd'hui se nourrissent presque exclusivement d'aulx et d'oignons, comme leurs aïeux des Pyramides, ce gisement n'a, jusqu'à ce jour, donné lieu à aucun résultat sérieux.

DES MARINS.

28. Les marins ont l'enveloppe rude. Leurs bons, comme leurs mauvais sentiments, se traduisent par des expressions ou par des actes dont l'énergie exagérée peut tromper. Pour traiter avec ces hommes, que leur vie d'aventures et de périls rend peu propres aux délicatesses de nos habitudes, il ne faut pas trop se hâter de les juger, soit en bien, soit en mal. On n'en fera jamais des dilettanti, en quoi que ce soit. Ils répugnent aux précautions du langage. Ce ne sont pas non plus des lazzaroni, quoiqu'ils aiment à terre le far niente. La besogne, même excessive, ne leur fait pas peur, pourvu qu'ils la reconnaissent nécessaire.

Ont-ils échappé à quelque grave danger? ils s'acquittent pieusement, avec des Pater et des Ave, envers la Notre-Dame dont ils ont réclamé la protection, et le plus pauvre prodigue les ex-voto. Cela fait, les voilà prêts à reprendre la mer. Ont-ils accompli, sous l'œil de la Providence, un voyage heureux ? les ingrats ne songent guère aux Te Deum. Ils n'aspirent qu'à se réjouir ; comment ? c'est le moindre de leurs soucis, pourvu qu'ils se réjouissent. Les impromptus sont ce qu'ils aiment le mieux ; il y a encore là des aventures, de l'imprévu, et ils en prennent, trop souvent, jusqu'à leur dernier franc, sauf à se gronder après, par des mea culpa et des confiteor, ce qui malheureusement ne les corrige guère.

DES MARINS (suite).

29. Quoique ce soient de grands enfants, il faut pour les gouverner mieux que des magisters. Le choix des capitaines est donc de la plus haute importance. Ces derniers ont subi des examens sérieux ; mais outre la pratique du métier, qu'ils connaissent tous, pour en avoir fait un long apprentissage, ils auront encore les qualités particulières que nécessite le commandement. Leur nom dit assez qu'ils seront la tête de l'équipage. Ils en seront, par surcroît, l'intelligence et la raison. Ils auront le sang-froid, la fermeté, et, comme ils sont le juge suprême, ils auront la justice.

Chargés d'un double intérêt, celui de leurs hommes et celui des armateurs, leur mérite sera d'autant plus grand qu'ils sauront mieux concilier ces deux intérêts. S'ils y réussissent, ce qui n'est point chose facile, il n'est satisfecits qu'on ne leur doive. Une fois embarqués, ils n'ont plus, pour sortir des si, des mais, des cependant, qui les assiégent, dans des cas donnés, que leur propre conscience et leurs seules lumières. Alors, vraiment la responsabilité qui leur incombe troublerait les meilleurs esprits.

Traitez donc, avec toute l'estime dont il est digne, un bon capitaine.

DES MARINS (suite).

30. Si les armateurs ont à bord un subrécargue, il importe que ce représentant d'eux-mêmes s'entende au mieux avec le capitaine. Il y a là un accord d'humeur et de sympathie à rechercher; il serait dangereux de le traiter légèrement. Donnez donc au subrécargue des ordres précis, point d'instructions verbales, point de post-scriptum secrets qui l'autoriseraient à des mezzo termine, dont souffriraient les hommes, surtout si vous l'avez chargé de ce qui concerne les vivres de l'équipage.

Réglez plus sévèrement les minima que les maxima; les économies, à réaliser sur ce chapitre, touchent de si près au bien-être des matelots, ce bien-être leur est si nécessaire, que vous ne sauriez le leur dispenser trop largement. Mais, que le capitaine lui-même, ou tout autre, ait la responsabilité de ces détails d'un armement; exigez que les comptes soient tenus avec une grande exactitude et avec une grande simplicité.

Le marin n'est pas fort sur les chiffres; il y fait facilement des quiproquos, il n'y voit volontiers que des imbroglios introduits à dessein de le tromper, et rien ne lui est plus sensible que de se trouver, quand il est débarqué, vis-à-vis de déficits qu'il n'avait pas prévus. Il n'admet pas facilement l'infaillibilité de vos agendas. Le mieux serait d'exiger des récépissés quand vous lui faites des avances, de quelque nature qu'elles soient.

Autant qu'il se pourra, quand vous avez eu la main heureuse, laissez les mêmes hommes réunis sous le même commandant. De combien de zéros par an peut diminuer vos profits une cargaison confiée à des matelots ramassés ici et là, à la hâte souvent? Un étranger ou deux, admis, sans précaution, dans un équipage bien uni, c'est assez pour amener des embarras ou des désordres; à plus forte raison, devez-vous craindre un équipage entier composé d'hommes inconnus les uns aux autres.

DE MARSEILLE.

31 *. Si Marseille n'est pas le plus important de nos
chefs-lieux de département, cette cité est certainement
l'un de nos centres commerciaux les plus remplis d'activité. Les riches oisifs y sont inconnus, ainsi que les petits-
maîtres. Ce sont bien encore les arrière-neveux des Pho-
céens, qui habitent aujourd'hui l'antique Massilia. Chacun y vend, y achète, y reçoit, ou y expédie quelque chose.
L'or ne séjourne pas paresseusement dans les coffres-forts;
il y entre, il en sort, pour y revenir suivant les va-et-vient
des transactions.

L'Espagne, l'Italie, la Grèce, l'Asie, l'Afrique, sont les
clientes forcées de Marseille. Elle n'a guère moins de
rapport avec la mer Noire, la Baltique et l'Angleterre.
Elle envoie ses vaisseaux aux Grandes-Indes. Elle a des
communications régulières avec les États-Unis et les Antilles. Avant la dernière guerre, au Nouveau-Monde, elle
était la grande pourvoyeuse de l'Amérique du Sud.

Marseille subit une transformation qui en fera presque
une rivale de Paris. Jusqu'à ces dernières années, elle
était aussi pauvre de monuments que riche de magasins
et d'entrepôts. En fait de chefs-d'œuvre, elle n'avait rien
à montrer. Il y a en France cent hôtels de ville plus
remarquables que le bâtiment qui lui en a si longtemps
servi. Auprès des arcs de triomphe que possède l'Italie,
sa voisine, celui de la porte d'Aix est une bien humble
merveille.

Le prodigieux travail de rajeunissement qui s'opère, au
profit de cette vaillante marchande, était donc une nécessité, et, parmi toutes les bonnes fortunes que mérite la
cité du grand Belzunce, on ne pouvait lui en souhaiter
de meilleure.

* Pluriel des noms composés.

DE MARSEILLE (suite).

32. Depuis les plus grands bâtiments de l'État, et les
plus magnifiques longs courriers, jusqu'aux légers chasse-
marée, Marseille voit affluer dans son port les navires
de toutes les nations. Ses entrepôts reçoivent sans cesse
les grains, les fers, les chanvres de la Russie; les cotons
d'Alexandrie; les riz, les tabacs, les cotons, les merrains
des États-Unis; les bois de Norvége et les fromages des
Pays-Bas; des huiles, des sels, des laines, du soufre, des
peaux, des cuirs, etc. Elle exporte les produits du Languedoc, du bassin du Rhône et ceux de l'industrie pro-
vençale: les siens enfin, dans lesquels le savon occupe une
place si importante.

Il s'en faut que le commerce de Marseille ait toujours
été florissant. Déjà fort amoindri en dix-sept cent quatre-
vingt-dix, il eut à supporter de rudes contre-coups pendant les guerres de l'Empire; il diminua même, jusque-
là que certains quartiers se dépeuplèrent à peu près. La
paix se fit; mise alors au régime des ports francs, Marseille vit se rouvrir une ère nouvelle de prospérité. Les
marchands des plus lointaines contrées y reprirent leurs
rendez-vous longtemps interrompus. Ils ne parvinrent pas
cependant à lui restituer du premier coup sa splendeur
d'autrefois. Il y eut encore des entre-temps nombreux de
ralentissement, des mortes-années fréquentes; mais la conquête d'Alger compléta enfin les demi-succès qu'avait déjà
obtenus l'activité des Marseillais.

Depuis lors leurs richesses n'ont fait que s'augmenter.
Nous n'en sommes plus à quelques chiffres avant-coureurs
d'une amélioration prochaine; chacun des comptes rendus
officiels accuse un accroissement régulier dans les importations et les exportations.

Il paraîtrait même impossible aux quête-merveilles, aux
tranche-montagnes, d'attendre mieux de l'avenir, si les
travaux de l'isthme de Suez, à mesure qu'ils approchent

de leur achèvement, n'ouvraient des perspectives dont on ne saurait, dès maintenant, mesurer les profondeurs ni apprécier les ressources.

DES TRIBUNAUX DE COMMERCE.

33. Dès l'année mil cinq cent quarante-neuf, il était permis aux marchands de Toulouse « d'élire, entre eux, chaque un an, un prieur et deux conseils, pour connaître et décider, en première instance, de tous les procès qui seraient intentés, à raison des marchandises, foires, et assurances.... » Comme on le voit, l'origine des tribunaux de commerce est déjà fort ancienne.

La prompte et bonne justice qu'ils facilitent explique, et l'importance qu'ils ont prise et le développement qu'on leur a donné.

Il n'y a à redouter, près d'eux, ni l'éloquence d'un aigle de la parole, ni les coq-à-l'âne d'un bavard ; les avocats n'y sont pas admis à plaider. Les faits y sont, au besoin, simplement exposés par des officiers spéciaux appelés : agréés.

Les juges doivent être âgés de trente ans accomplis, et résider, depuis cinq ans au moins, dans le chef-lieu du ressort.

Ils sont nommés par les notables commerçants, d'après une liste dressée par le préfet. Les gens de menus métiers ne participent donc pas à l'élection. Nous n'entreprendrons pas d'examiner l'utilité de cette exclusion ; ce sont là des passe-temps de politiques. Constitués comme ils le sont, et composés d'hommes versés dans la pratique des usages commerciaux, les tribunaux de commerce rendent de grands services. On y donne une solution rapide et économique aux contestations, on n'y commet d'autres erreurs que celles inhérentes à la faiblesse humaine; les passe-droits y sont, comme ailleurs, impossibles : 'est-ce pas là l'important ?

DES TRIBUNAUX DE COMMERCE (suite).

34. Partout où le commerce et l'industrie ont pris un certain développement, l'Empereur peut créer un tribunal de commerce. Chaque tribunal est composé d'au moins trois juges et de quinze au plus, y compris le président. Les assemblées électorales sont présidées par les préfets, ou les sous-préfets, assistés de quatre électeurs; les deux plus âgés et les deux plus jeunes, parmi les membres présents.

Les juges sont soumis au serment, devant les cours d'appel, au besoin devant les tribunaux civils, autorisés à cet effet. Dans ce cas, les procès-verbaux sont envoyés à la cour du ressort, qui les fait enregistrer.

Comme on a eu en vue surtout, dans l'institution des tribunaux de commerce, de réduire à peu de chose les dépenses de temps et d'argent, les parties peuvent se présenter en personne. Entre commerçants, juges et plaideurs, les tête-à-tête ne sont jamais longs; on s'entend vite, presque à demi-mot; aussi les décisions ne se font guère attendre.

Pour l'enregistrement et l'expédition de ces décisions, le nombre des employés, que les plaideurs mécontents nomment des gratte-papier, se réduit à un seul greffier. Dans les très-grandes villes, il peut se faire aider par un certain nombre de commis-greffiers, dont il est responsable. Il est nommé par l'Empereur, ainsi que les huissiers.

DE LA FAILLITE.

35. La pratique du commerce doit donner, aux esprits bien trempés, une plus grande solidité, aux esprits superficiels de la profondeur, aux esprits légers du calme et du sang-froid.

Les allures des beaux mousquetaires, des chevau-légers d'autrefois, des élégants hussards de notre époque, ne conviennent donc point aux marchands, et les sans-souci nous y paraissent des sans-raison.

Ce n'est pas que nous rangions, nécessairement, dans la classe des bonshommes prêts à accepter tous les contes de grand'mères, des citoyens à qui les plus hautes fonctions sont accessibles. Nullement; il nous est trop prouvé combien la longue étude des trafics internationaux sert à l'élévation de l'intelligence. Nos négociants n'en sont pas plus à fournir leurs preuves de savoir-dire que de savoir-faire. Dans les tribunaux et les chambres de commerce, dans les conseils divers, jusque dans les hautes assemblées de l'État, nous en retrouvons chaque jour quelques-uns qui ont passé par les doit et avoir, les avals de garantie, les acquits à caution, pour entrer sérieusement dans la vie politique.

Ce sont là sans doute des horizons assez étendus pour encourager les plus humbles; les arcs-en-ciel y rayonnent des plus séduisantes couleurs; mais nous regretterions que des ambitions, légitimes en somme, fissent perdre, aux mieux doués, la préoccupation nécessaire des dangers de leur profession.

DE LA FAILLITE (suite).

36. S'il est vrai que les faillis ne soient pas plus déshonorés que les gentilshommes ne l'étaient pour avoir été vaincus sur le champ de bataille; si en effet un malheur n'est jamais un opprobre, encore faut-il que le malheur soit patent. Ce sera la consolation et la justification du négociant qui succombe, que chacun puisse indiquer, sans recourir aux on-dit, les causes de sa chute. Autrement on le laissera descendre, jusqu'aux rangs de ceux qui vont mourir aux hôtels-Dieu, sans lui tendre la main, sans lui crier jamais : « Courage! La fortune a des revenez-y, dont les hommes comme vous savent profiter. »

Celui qui se voit contraint de cesser ses payements doit, dans les trois jours qui suivent, sans faux-fuyants, sans hésitation, déposer son bilan. La loi le veut ainsi, et l'honneur l'ordonne, comme la loi.

A moins d'empêchement absolu, le commerçant fera lui-même ce dépôt. Vous avez été au succès, soyez à la défaite. Les sauve-qui-peut sont partout des lâchetés.

Le bilan contiendra : 1° L'état de l'actif, c'est-à-dire l'énumération et l'évaluation de tous les biens mobiliers et immobiliers du débiteur; 2° celui du passif, dans lequel on aura énoncé le nom de chaque créancier, la somme qui lui est due et la cause de sa créance; 3° le tableau des profits et des pertes; 4° le tableau des dépenses.

L'état de l'actif ne dissimulera rien. Les en-cas, qu'on vous conseillera de mettre de côté, deviendraient vite une cause de remords, si vous avez gardé le respect de vous-même. Vous braverez donc les crève-cœur de qui entrevoit la pauvreté aux abords de son seuil.

DE LA FAILLITE (suite).

37. L'état du passif n'exagérera rien, ne supposera rien. Y introduire des créanciers fictifs, c'est prendre des larrons pour complices. Dès qu'ils consentent à léser vos créanciers réels, méfiez-vous de leurs arrière-desseins, ne les soumettez pas trop brusquement aux contre-épreuves. Quand il s'agira de restituer, ils pourraient bien nier leur participation, tout en en faisant des gorges-chaudes.

Il n'y a de sûreté, dans l'infortune, qu'aux services des honnêtes gens; or ces derniers ne se feront jamais les prête-noms de qui que ce soit. Ne cherchez point conseil ailleurs; les honnêtes gens doivent être vos plus vieux amis. Leur franchise a gardé le parfum des roses que vous semiez ensemble aux fêtes-Dieu de votre enfance, vous les connaissez de ce temps-là.

L'état des profits, des pertes, celui des dépenses, seront

tels qu'ils n'apprendront rien à personne. Ils remonteront, non pas à dix ans seulement, mais au premier de vos inventaires.

Nul ne voudra d'ailleurs en prendre connaissance, chacun pouvant les dresser sans vous, tant votre vie s'est passée en pleine lumière, loin de ces demi-jours douteux où éclosent les soupçons.

Après cela, attendez, laissez faire à l'équité des intéressés; ils vous traiteront avec des égards bienveillants, leurs sympathies vous resteront. Les banqueroutiers ne se croiront pas autorisés à vous saluer, et le crédit, qui est la confiance dans l'honneur, ne tardera pas à vous offrir les moyens de vous relever.

DES VOYAGEURS ET DES DÉCOUVERTES.

38*. Sans remonter plus haut que le treizième siècle, époque où les Véniliens étaient les facteurs du nord de l'Europe et de la Chine, on trouve un intérêt des plus vifs à suivre dans leurs périlleuses aventures, les hardis navigateurs qui ont successivement ouvert au commerce toutes les contrées du globe.

En aucun temps, depuis lors, l'activité humaine ne s'est ralentie. Aux Colomb et aux Diaz, aux Cortèz, aux Pizarre, aux Almagro, ces derniers de sanglante mémoire, ont succédé les Cook, les Lapeyrouse, les Vancouver, les d'Entrecasteaux, les Dumont-d'Urville. La liste serait aussi longue que glorieuse.

Devant les services rendus par ces porte-étendard du commerce, la gloire des Alexandres et des Charlemagnes ne peut-elle paraître amoindrie?

Convient-il, en effet, de saluer d'une admiration égale les Condés et les Bougainvilles? Héroïsme pour héroïsme,

---

* Pluriel des noms propres.

celui des premiers n'est-il pas plus fréquent, parce qu'il est plus facile.

Je n'aurai garde de consulter là-dessus l'opinion commune. On sourirait, si j'allais jusqu'à soutenir que les Jacquemonts valent mieux que les Duguesclins.

Qu'on me permette au moins de dire qu'ils valent autant.

DES VOYAGEURS ET DES DÉCOUVERTES (suite).

39. Sans doute les Raphaëls ont leur prix. C'est quelque chose de pouvoir montrer deux ou trois Rembrandts en compagnie de quelques charmants Greuzes; mais sans être un ennemi des arts, ne peut-on regretter de voir ceux que la fortune a favorisés, aussi peu ardents pour seconder les explorations lointaines? Dans cette voie, où il appartiendrait certainement au haut commerce de donner l'exemple, l'Angleterre et l'Allemagne nous ont dépassés de beaucoup. Leurs voyageurs, largement pourvus, ont, de tous côtés, pris le pas sur les nôtres. Si nous ne nous hâtons d'intervenir, ils ne nous laisseront bientôt plus rien à faire.

Déjà les Cartiers, les Cabots, les Balboas modernes trouveraient peu de plages où n'aient touché leurs devanciers. Il n'y a guère, aujourd'hui, que l'intérieur des grands continents qui sollicite les explorateurs. Et encore l'Afrique, presque seule, offre-t-elle à d'autres Livingstones, à d'autres Barths, certains points tout à fait ignorés.

Livingstone a singulièrement réduit ces prétendus déserts. Il ne reste à reconnaître qu'un assez grand quadrilatère irrégulier, situé dans le voisinage de notre colonie du Gabon. A qui reviendra l'honneur de couronner l'œuvre depuis si longtemps commencée?

Comptons les victimes qu'elle a déjà faites : Mungo-Park s'est noyé dans le Niger près de Boussa. L'Allemand Roentgen a été assassiné près de Tombouctou. Deux Anglais sont venus mourir épuisés sur les bords du fleuve Nunez. Tuckey et dix-sept de ses compagnons ont succombé en voulant remonter le cours du Congo. Ce qui n'a arrêté ni Levaillant, ni dix autres après lui, ni le missionnaire anglais Moffat, ni les missionnaires protestants français Daumas et Arbousset, ni, enfin, ce même docteur Livingstone dont nous avons parlé plus haut.

DU LUXE.

40. * Le besoin de paraître, une fausse appréciation de ce qui semble être les goûts de la foule, entraînent aujourd'hui les marchands dans des dépenses exagérées en ce qui touche à l'ornementation de leurs magasins; car il n'y a plus de boutiques. Ce vieux mot fait rougir. On ne sert plus des pratiques, on sert des clients. Les commis sont devenus des employés. Quant aux garçons, à peine les hommes qui remplissent les dernières fonctions consentent-ils à se laisser nommer ainsi. On ne fait plus d'apprentis, on fait des élèves. Paris, Lyon, Nantes, Lille, Rouen, sur la Seine comme sur le Rhône, sur la Loire comme sur la Deule, les grandes villes donnent l'exemple aux petites, où l'on dirait que s'est répandue la descendance de la grenouille de la Fontaine. Les plus intelligents, les plus actifs marchands s'enflent, s'enflent encore ; aussi, pour un qui arrive à la grosseur d'un bouvillon, combien crèvent de l'effort !

Faut-il donc absolument une armée de peintres, de doreurs, de sculpteurs pour donner aux marchandises les mérites qui les font préférer? Toutes les couleurs de l'arc-en-ciel, au plafond et sur les murs, garnissent-elles les rayons de produits de premier choix?

Les merveilles, joyaux, bijoux, soieries, dentelles, dont se parent nos duchesses, nos princesses, ou simplement nos dames riches, reines de l'élégance, gagnent-elles vraiment beaucoup à l'éclat de ces lumières étincelantes?

* CHAP. I. *Du nom* (récapitulation).   4

DU LUXE (suite).

41. L'amour du bien-être excessif, du confortable exagéré, des magnificences en carton-pierre et en faux, conduit plus loin qu'on ne croit. Le mal commence par les femmes, grandes adoratrices des futilités; elles oublient leurs devoirs de fourmis et ruinent la maison. La passementière porte envie à la fleuriste, que la banquière ne voit pas d'un œil plus agréable; la bijoutière trouve à la brasseuse des prétentions ridicules, il faut l'humilier un peu, comme on a humilié déjà la farinière, la tanneuse, ainsi que la gouvernante du vieux docteur, docteur elle-même et juge aux cas médicaux. Cela devient un assaut plaisant de prétentions; la paysanne y vise à la marquise, la spirituelle y perd ce qu'elle aurait pu avoir de raison, la sotte trouve moyen de s'y distinguer et n'est pas celle qui se fait le moins d'envieuses et d'admiratrices. La comédie de la mode prend alors des proportions qui vont jusqu'au grotesque. Le sérieux des actrices ajouterait encore au comique, si l'on pouvait rire de ces choses-là.

Notre humeur grondeuse ne va pas jusqu'à regretter le temps des grandes boutiques à larges vantaux, humides, glacées, où nous avons vu jadis nos aïeules travailler le soir, sous la pâle lumière d'une chandelle, tandis que nos grands-pères passaient les écritures du jour.

Les arrière-logis, auxquels d'étroites lucarnes, d'avares œils-de-bœuf semblaient donner à regret l'air et la lumière, sont loin de réveiller en nous de gais souvenirs. Nous y avons passé, sous la garde d'une rude servante, d'assez tristes années, pour trouver que le siècle présent est en progrès. Nous ne songeons donc pas à demander qu'on démolisse les usines à gaz, pour en jeter les débris à la fonte et les décombres aux plâtras.

Il nous déplairait de voir les beaux-arts, fort heureusement moins collets montés aujourd'hui qu'autrefois, quitter la rue, pour se renfermer dans les hôtels ou les palais. Ce sont trop doux régals pour nos yeux que les merveilles qu'ils étalent à notre portée. En conséquence, nous n'avons point de foudres vengeresses à lancer, notre éloquence ne prétend rien contre ce qui s'est accompli de sage, de raisonnable, de nécessaire dans les réformes du commerce. Mais voilà le tu-autem; encore faut-il s'entendre et savoir ce qui est le sage, le raisonnable, le nécessaire.

DU LUXE (suite).

42. Les vieilles gens, dont nous rions avec trop d'irrévérence, étaient de bonnes gens, en somme. Leurs us n'étaient point tant à rejeter, et notre jeunesse a mis, ce nous semble, une hâte un peu bien grande à se débarrasser de tous.

Pour soutenir cette thèse, il ne serait pas besoin de longs factums, rédigés ex-professo, à la manière des beaux travails destinés à nos Richelieux du jour.

Nous ne croyons pas, pour notre part, que le règne des quinquets soit absolument à regretter, nous admettons que les carcels ont été une amélioration, et il se peut que nos économiques soleils au pétrole valent mieux que tout cela; mais, enfin, du temps des quinquets même, on vendait, on achetait, on s'enrichissait. Sans paraître broyer du noir, on peut bien crier : doucement! aux casse-cou qui trouvent que nous ne marchons pas assez vite vers les horizons nouveaux.

Nous avons perdu deux choses précieuses : la patience dans nos œuvres quotidiennes et la modération dans nos désirs. Nous avons perdu encore la dignité; il s'est fait, pour nos yeux, comme un voile de ténèbres. Les risquetout et tutti quanti tiennent le haut du pavé. Cela nous conduit à ne craindre nul excès. Nous jouons chaque jour des coups de partie qui peuvent nous perdre, et nous nous occupons beaucoup plus de surprendre le crédit que de le mériter.

Voilà ce que nous blâmons, sans accepter pour cela les qualifications de pot-au-feu, de bonnet de coton, dont on nous gratifie volontiers.

DU LUXE (suite).

43. Ce qui est sage, c'est de ne pas dépenser en frais de premier établissement, un capital qui ferait si belle figure au fonds de roulement; c'est de ne pas oublier qu'une couple de lumières de trop rend le fâcheux office d'alléger quotidiennement les profits; c'est de répondre à ceux qui ont des hymnes toujours prêts à la glorification de l'enseigne criarde, que ni les guirlandes, ni les girandoles, ni les mascarons, ni les statues, dont les gens légers font leurs délices habituelles, ne sauraient prévaloir contre une caisse besoigneuse et toujours en émoi; c'est, enfin, de ne pas prendre imprudemment le vol d'un aigle si l'on ne se sent que l'aile d'un perdreau.

Ce qui est raisonnable, c'est de savoir attendre la vogue et de ne l'espérer que du choix des marchandises; c'est de ne chercher le bon marché que dans la modération des bénéfices, c'est de n'aspirer au repos qu'après une carrière honorablement accomplie.

Dans notre siècle d'égalité, les gens sensés mesurent l'estime à l'honorabilité.

Personne ne serait aujourd'hui bien venu à établir un parallèle désobligeant entre vous, riche banquier, et moi, petit marchand de drogues, si d'ailleurs je ne conduis mes opérations que jusqu'où mes ressources me le permettent, et si ma signature n'a jamais été compromise.

Ce qui est nécessaire c'est, dans les arrangements intérieurs, tout ce qui peut aider à la célérité, à l'ordre, à l'économie, à la propreté, rien de plus. Laissez aux établissements consacrés aux plaisirs le fratras des décorations. Vous auriez réuni chez vous l'œuvre entier de Boucher ou de Watteau que vous n'en inspireriez pas plus de confiance.

Un jour franc, de l'air, des dégagements commodes, des boiseries faciles à conserver vierges de poussière, un personnel discret, peu nombreux, mais connaissant si bien sa tâche que chaque chose s'accomplit à l'heure marquée par la pendule, sans quiproquo, sans confusion, sans coq-à-l'âne, ne souhaitez pas davantage, vous n'auriez rien de mieux.

DU LUXE (suite).

44. On prétend que les objets d'art et de mode ne peuvent se contenter de la simplicité sévère que nous exaltons ici ; on dit qu'à un bel orgue, qu'à des pianos élégants il faut un salon : nous croyons, nous, que la grâce des formes, la délicatesse des détails, ne gagneront rien au voisinage de lourdes dorures. On soutient que les éventails, les émaux, les bracelets, les colliers, les pierres précieuses, les coraux, les onyx, les bronzes, les pièces d'orfévrerie, ainsi que les étoffes et les rubans, comme les dentelles, malines, alençon, venise, angleterre, valenciennes, exigent un certain attirail de mise en montre et, pour produire tout leur effet, veulent que les magasins soient des écrins ou des corbeilles ; il nous semble, à nous, que les objets d'un grand prix n'ont pas besoin de ces rehauts pour être appréciés des amateurs. Les vraies connaisseuses, car ici les dames sont particulièrement intéressées, savent le cas qu'il faut faire d'un pareil apparat. Pour les admiratrices ignorantes, il devient sans objet ; nous ne devons pas vous supposer l'intention de les tromper.

Nos désiderata ne sont point du tout des imaginations de songe-creux. S'il est vrai que l'on rencontre le long de nos trottoirs trop de rez-de-chaussée magnifiques où de charmants petits bonshommes soignés de tenue comme de jeunes sous-lieutenants en visite de promotion, mètrent élégamment des rubans, où de belles jeunes dames en toilette de comédienne, semblent trôner pour une réception, nous pourrions signaler aux bravos des gens sérieux telles

et telles maisons de commerce, soit à Paris, soit ailleurs,
dans lesquelles les chefs ont su réaliser les améliorations
désirables sans donner dans aucun excès, dans aucun travers. Dans ces maisons-là, qui ont bien le caractère de leur
destination, la simplicité a été la loi générale imposée aux
organisateurs ; sous ce rapport, certaines sont des chefs-
d'œuvre que les étrangers ou les jeunes gens devraient visiter comme des spécimens parfaits.

DES RÉSINES. — DU COPAL.

45*. Les résines se présentent sous deux formes dans le
commerce. Elles sont ou liquides, ou solides. La méthode
d'extraction est à peu près la même pour toutes. Les divers procédés particuliers, employés pour les obtenir, se
réduisent à favoriser ou à provoquer leur écoulement des
végétaux qui les fournissent. Dans beaucoup de cas, la sécrétion a lieu naturellement. Pour la déterminer ou la
hâter, s'il est besoin, on fait aux arbres ou aux plantes,
soit un trou, soit une incision, que l'on renouvelle à propos et on recueille le produit des blessures comme lorsqu'il s'agit des gommes.

Les résines ont la propriété générique d'être insolubles
dans l'éther, l'alcool et l'huile, qu'il s'agisse des huiles
fixes ou des huiles volatiles. L'emploi journalier qu'on en
fait, en médecine ou dans les arts, leur donne une importance commerciale assez grande.

— Le copal, que l'on a l'habitude de considérer comme
une gomme, est une résine qui découle de deux arbres, l'un
de l'Inde et de Ceylan, l'autre de l'Amérique méridionale,
particulièrement du Brésil. Le hasard, ou des études ulté-
rieures, nous les feront sans doute mieux connaître un jour ;
mais, jusqu'à l'heure présente, on est aux conjectures sur
la hauteur, la grosseur, la forme générale de ces arbres.

---

* Chap. II. *De l'article.* — Article défini.

Il y a deux espèces de copal, le copal dur et le copal
tendre. A l'aspect que présente son degré de pureté, on le
distingue encore en copal en sorte, ou en copal mondé,
demi-mondé et mondé au vif. On use par préférence du
copal dur; il sert aux peintres pour obtenir des vernis ré-
sistants et susceptibles de recevoir un beau poli.

DE LA RÉSINE ÉLÉMI. — DE L'EUPHORBE. — DU GAYAC.

46*. Substance produite par des arbres ou des arbustes
de la famille des térébinthacées et qui croissent au Brésil,
la résine élémi nous est expédiée de cette contrée. D'abord
molle et adhérente, elle devient sèche en vieillissant. Cassante et demi-transparente, elle prend alors une couleur
jaune mêlée de points verdâtres.

— Suc résineux, et non gomme comme on l'a cru longtemps, l'euphorbe nous est fourni par des arbrisseaux,
appartenant à la famille des euphorbiacées. Ces arbrisseaux
croissent aux Indes, dans les Canaries et dans des contrées
diverses de l'Afrique. Il nous vient du suc d'euphorbe
dans des caisses, dans des barils, ou simplement dans des
sacs de jonc. L'euphorbe est en larmes irrégulières, jau-
nâtres, demi-transparentes, légères, friables, percées de
deux trous faits par les épines de la plante sur laquelle il
s'est solidifié.

— C'est dans l'Amérique méridionale et aux grandes Antilles que se fait la récolte du gayac. Cette résine, qu'on
tire du — Guajacum officinalis, — arbre de la famille des
rutacées, possède une saveur assez promptement âcre et
brûlante. Il y a du brun et du vert mal mélangés dans les
blocs de gayac qui nous arrivent assez gros. Il est friable
sous la pression de la main, et devient mou sous la dent.

Du bois de gayac pulvérisé et mis à digérer pendant huit
jours dans de l'alcool, la pharmacie obtient de l'eau-de-vie
dite de gayac. Ce bois sert aux mêmes usages que la ré-

* Article indéfini.

sine. Il nous arrive sous la forme de fortes bûches, à cœur verdâtre, à aubier jaune, recouvertes d'une écorce grise, pesante et très-résineuse.

DES LAQUES.

47 *. C'est encore par un abus des mots usuels et par suite de comparaisons superficielles qu'on désigne, assez souvent, sous le nom de gommes laques, ces substances aux apparences gommeuses; les laques sont des résines exotiques. Des ressemblances générales ont fait attribuer la même dénomination de laques à certaines pâtes servant à confectionner diverses couleurs. Les petits pains jaunes, bleus, rouges, violets ou autres, plus ou moins durs, plus ou moins mous, et dont font usage les enlumineurs, ne sont point des laques. Ce sont des produits continentaux. Nos climats sembleraient glacials aux insectes que produisent les laques vraies et naturelles. Essayer de les y transporter, ce serait très-probablement aller au-devant d'insuccès finals. Comment rendre chez nous à ces animaux le soleil de leur pays natal? Nos hivers leur seraient fatals.

Ce sont des insectes, avons-nous dit, qui fabriquent la laque. Ils appartiennent au genre cochenille et déposent cette espèce de cire autour des branches moyennes et menues de trois arbres de l'Inde, deux figuiers et un euphorbe. Les principaux lieux de production sont les monts latéraux qui longent le Gange, dans le royaume de Pégu. Pour faire la récolte de la laque, il n'y a pas à prendre de soins spéciaux; il suffit de rompre les branches auxquelles elle est attachée et de porter ces branches au marché. La laque sur bois ou en bâtons est celle qui est ainsi adhérente au bois. La laque en grains a été détachée et brisée en fragments inégaux. La laque en feuilles représente les précédentes; mais fondues et privées de principes colorants, puis ver-

---

* CHAP. III. *De l'adjectif*. Formation du pluriel dans les adjectifs.

sées, liquides, sur des surfaces planes, durcies enfin par le refroidissement.

DE LA LACK-DYE. — DE LA LACK-LACK. — DU MASTIC.

48 *. La lack-dye est la partie colorante de la laque, concrète et tenue par une quantité aussi exiguë que possible de matière résineuse. On la trouve en minces tablettes carrées et en morceaux irréguliers, couverts d'une croûte de couleur ambiguë, soit rougeâtre et crasseuse, soit d'un gris noirâtre. Sa cassure est brune, presque noire et remplie d'évents. Broyée, la lack-dye donne une poudre douce au toucher et d'un brun velouté. On la trouve parfois un peu amère, la vérité est qu'elle est sans saveur. On l'emploie pour la teinture.

— La lack-lack n'est autre chose que la lack-dye, moins pure. Comme elle ne contient qu'une quantité à peine appréciable de principes colorants, on a cru sage de l'abandonner. Sa fabrication n'était qu'une manière peu honnête de tirer parti de la lack-dye, jusqu'à la plus extrême limite.

— Le mastic est la sécrétion naturelle d'un arbre que l'on cultive avec soin dans l'île de Chio. Cet arbre est un lentisque. On suit son développement et ses progrès avec une attention inquiète; il n'est précautions quotidiennes qu'on ne prenne pour obtenir des récoltes complètes, et, si le mot pouvait être employé ici, nous dirions que la population y apporte une vigilance dévote; cela se conçoit, d'ailleurs; c'est une bonne fortune que cet arbre pour l'île, et pareille bonne fortune ne se compromet pas volontiers. Le mastic est en larmes, d'un jaune pâle. Les grandes larmes sont aplaties et irrégulières, les petites sont plus souvent sphériques. A la surface, cette résine est mate et d'apparence farineuse, sa cassure est un peu opaline au centre et son odeur est agréable. Elle devient ductile sous la dent. On l'emploie en médecine comme stimulant et comme tonique. En Afrique

* Formation du féminin dans les adjectifs.

la coutume est ancienne de s'en servir pour nettoyer les dents et pour raffermir les gencives.

DE LA SANDARAQUE.

49. Nous allons nous permettre une question que quelques-uns pourraient bien trouver indiscrète. Elle est cependant très-simple et très-brève. Il ne s'agit ni d'une étymologie grecque, ni de la définition expresse d'un mot usuel défiguré par l'ignorance publique et auquel il convient de rendre sa signification primitive.

Je suis certain, néanmoins, que vous resterez ébahis, je vois déjà votre surprise naïve, vous ne saurez que répondre; vous vous en tirerez par quelque grosse erreur, ou par quelque mauvaise défaite.

Laissez-moi d'abord vous faire remarquer combien nos écoliers, qui sont la jeunesse intelligente et active, vivent volontairement à la manière tuurqe, repliés sur eux-mêmes, et ne se demandant, en aucun cas, ni la raison ni l'origine des choses.

Par exemple, la règle neuve que je vois là est tirée d'un beau bois rouge; quel est ce bois? d'où vient-il? La plume dont vous vous servez est-elle bien de fer? Ah! l'enquête serait laborieuse et longue, mais convenez qu'elle devrait toujours rester ouverte et que nous ne faisons nullement preuve d'une humeur maligne en introduisant ici cette très-modeste interrogation : Qu'est-ce que la sandaraque?

A quoi bon se donner la peine oiseuse de chercher? Il suffit, pensez-vous, de regarder d'une manière un peu attentive et de dire ce qu'on voit.

Dites alors :

La sandaraque est une poudre blanche, assez douce au toucher, sèche cependant et comme astringente; elle sert à rendre du corps aux parties du papier, soumises à un grattage trop énergique.

Voilà tout? la définition n'est certainement pas fausse;

mais elle est incomplète ; nous tenterons de vous le prouver.

DE LA SANDARAQUE (suite)

50. Portez une attention curieuse sur la marche que
nous adoptons dans notre étude. Cette marche, quoique
vieille, est fort bonne. Si caduque qu'elle vous paraisse,
nous vous conseillons de la suivre en toute occasion. Elle
vous conduira à l'entière possession des choses dont vous
avez déjà l'usage. Autrement, vous ne les posséderez que
d'une façon peu sérieuse, puisque vous ne les connaîtrez que
d'une façon imparfaite.

Oh ! savoir, la félicité la plus absolue, la plus franche,
qui se puisse imaginer. Oh ! apprendre, la satisfaction la
plus certaine, la plus égale, la plus désirable, que l'on
puisse se donner.

Origine. — La sandaraque est une substance résineuse
fournie par le thuya, arbre qni croît dans les parties
septentrionales de l'Afrique.

Caractères. — La sandaraque du commerce est en larmes
transparentes, dures, allongées, souvent arrondies, à cassure vitreuse, d'un blanc paille quand elle est fraîche, et
qui jaunit lorsqu'elle vieillit. Ces larmes sont recouvertes
d'une poussière très-fine, assez épaisse. Leur saveur est
bénigne, nulle même ; mais leur odeur est bien particulière, très-prononcée et très-agréable.

Emploi. — Cette résine, puisque c'est bien une résine,
sert principalement à la fabrication des vernis. On l'emploie également pour rendre un peu de corps au papier
aminci par le grattoir, vous l'avez dit.

Emballage. — La sandaraque nous arrive en balles de
poids divers, par l'Angleterre et par Marseille. Celle qui
nous vient par ce port est plus poudreuse, les larmes sont
plus petites, moins longues, moins transparentes.

DES CAPITAINES.

51. Chaque fois qu'un capitaine prend une situation nouvelle, au service d'un armateur, il doit recevoir sa nomination de cet armateur même, propriétaire ou non du bâtiment. L'armateur ne peut choisir son capitaine que parmi les marins qui ont obtenu leur brevet de commandant, après les examens d'usage.

L'autorité du capitaine est partout supérieure à toute autre; aucune, auprès de la sienne, qui lui soit jumelle ou même similaire, pour ce qui touche à la conduite du navire; mais il est responsable, et sa responsabilité ne cesse que par la preuve d'obstacles de force majeure. Il a la mission conservatrice, toujours délicate, de former l'équipage. Comme on rencontre dans les gens de mer, plus qu'ailleurs peut-être, bon nombre de têtes folles, de natures indociles, ce choix demande une intelligence de la meilleure trempe. Il ne faut y apporter ni la nature soupçonneuse et grognon de certains vieillards, ni l'air dégagé et fat de certains jeunes gens; tout y est de la plus sérieuse importance.

Lorsque le capitaine est dans le lieu du domicile de l'armateur, ou de l'un de ses représentants autorisés, la loi exige qu'il y ait concert entre eux.

Que le navire soit de récente ou de vieille construction, qu'il ait belle ou pauvre apparence, le capitaine est tenu de le présenter à la visite, avant de prendre charge. Il répond des marchandises et en fournit un connaissement. Au grand cabotage il ne peut charger sur le tillac, sans le consentement spécial du chargeur. Il ne peut non plus prendre aucune marchandise, pour son compte, sans le consentement de l'armateur.

DES CAPITAINES (suite).

52. Le capitaine est encore tenu de se trouver sur son navire à la sortie des ports, havres ou rivières. Toute excuse, s'il arrivait un malheur en son absence, serait reçue avec une incrédulité moqueuse. L'habileté de ses hommes fût-elle sortie vainqueur d'un péril, il n'en serait pas moins blâmé par l'opinion, qui se ferait ici vengeresse de la coutume violée.

C'est en effet, pour un capitaine, une coutume d'honneur que cette obligation, comme celle, non moins noble, de quitter son bord le dernier, en cas de naufrage.

En face d'une nécessité, il est autorisé à emprunter, mettre en gage, ou même vendre, sans que la plus plaideuse personne, parmi les propriétaires du navire ou de la cargaison, puisse l'inquiéter ; sauf à lui à justifier, bien entendu, qu'il y a eu nécessité réelle.

La race des matelots est querelleuse, buveuse souvent, cabaleuse quelquefois ; par opposition, l'autorité du capitaine devra donc être pacifiante, sobre toujours, et jamais molle. Si, avec cela, elle est bien ordonnée, sans trahir imprudemment de passion favorite ou de faiblesses par où on puisse l'entamer ; si elle est aussi juste qu'elle est absolue, elle se fera aimer.

Nous disons qu'elle est absolue ; en effet, elle peut aller, quand les victuailles manquent, jusqu'à forcer ceux qui ont des vivres en particulier, à les mettre en commun, sous condition d'indemnité à régler ultérieurement.

DES CAPITAINES (suite).

53 *. A bord, le capitaine comme tous les gens de l'équipage, n'a droit qu'à son coffre. Rigoureusement, ce coffre ne doit renfermer que le nécessaire et l'utile ; l'a-

---

* Adjectifs employés comme noms.

gréable peut 's'y trouver aussi, entendu seulement des objets à usage personnel, et non susceptibles d'être vendus. Cependant, le vrai sur ce point, c'est que l'on tolère en marchandises celles que le coffre peut contenir.

Voici les papiers officiels imposés au capitaine :

1° L'acte de propriété du navire ; 2° l'acte de francisation ; 3° le rôle d'équipage ; 4° les connaissements ; 5° les chartes-parties ; 6° les procès-verbaux de visite ; 7° les acquits de payement ou à caution ; 8° le congé ; 9° le manifeste ; 10° la patente de santé.

Un indépendant ne manquera pas de dire que voilà beaucoup d'écritures, par conséquent beaucoup de servitudes.

Examinons les attendu, ou motifs, qui justifient le bon et l'à-propos des exigences de la loi.

1° L'acte de propriété du navire. — Admis l'ordinaire et l'imprévu, où il y a nécessité pour les armateurs de fournir la preuve de leurs droits, nous croyons inutile d'insister.

2° L'acte de francisation. — Un Français doit pouvoir réclamer sa qualité partout, et s'abriter, au besoin, sous le respect dû à son pavillon.

3° Le rôle de l'équipage. — C'est l'état certifié de tous les individus qui sont à bord, avec leurs qualités, etc., comme une copie de l'état civil de chacun.

4° Les connaissements. — Un dépositaire a le devoir de rendre ce qu'il a reçu, tel qu'il l'a reçu. Or, pour éviter l'exagéré possible d'une réclamation, il est prudent qu'il ait reconnu le dépôt, quant au principal, nature, poids, etc., des marchandises, quant à l'accessoire, forme des colis, marques, adresses des destinataires, etc.

DES CAPITAINES (suite).

54 *. Continuons cette intéressante étude ; il est peu de jeunes gens pour qui elle ne puisse devenir d'une utilité

---

* Degrés de signification ou de comparaison dans les adjectifs.

réelle, quand bien même leurs futures affaires ne les mettraient point en rapport direct avec les choses et les hommes de la navigation.

5° Les chartes-parties — sont les actes, plus ou moins
étendus, qui indiquent les conventions arrêtées pour le
transport des marchandises. En cas de contestations à l'é-
tranger, il n'y a pas de meilleur moyen pour les terminer
que de présenter les actes dont nous parlons ici.

6° Les procès-verbaux de visite. — La responsabilité
du moindre péril encouru par les hommes d'un équipage,
retombe nécessairement sur le capitaine. La plus sûre
sauvegarde pour lui est, contre toutes les éventualités,
l'exeat administratif. Le pire des embarras qu'il pourrait
s'attirer, en cas de naufrage ou d'avaries graves, serait
certainement celui qui aurait pour cause sa mise à la voile
non autorisée.

7° Les acquits-à-caution. — Il y a des marchandises
pour lesquelles il est dû à la douane un droit de sortie.
Ce droit est plus fort quand elles sont exportées; il est
moins fort quand elles sont seulement transportées d'un
port de France à un autre port de France. On voit que
cet état de choses invite les marchands plus avides que
scrupuleux, à des fraudes plus ou moins répétées; mais
l'administration, en ceci aussi prévoyante qu'habile, a dû
prendre et a pris quelques mesures préventives. L'expédi-
teur se lie donc plus sérieusement que sur parole. Il donne
caution et le certificat qui constate la garantie fournie se
nomme acquit-à-caution.

8° Le congé — est aussi nécessaire que le certificat de
visite; il en est la conséquence.

9° Le manifeste — contient l'état le plus général possible de la cargaison.

10° La patente de santé — atteste l'état de santé du
pays qui est le lieu de départ, ainsi que celui des gens de
l'équipage. Dans la Méditerranée, cette pièce est de la
plus haute importance.

Le moindre désagrément qui pourrait arriver, si on ne

la présentait pas, ce serait d'être soumis à la quarantaine, ce qui retarderait l'arrivage, par la moins justifiable des raisons, et causerait aux armateurs un dommage aussi sérieux que facile à éviter.

DU LIVRE DE BORD.

55. Le livre de bord est un registre coté et paraphé par les autorités du port auquel appartient le navire. Ce livre ou journal, est destiné à inscrire les résolutions prises pendant le voyage, les moins graves comme les plus importantes, la recette et la dépense concernant le navire, jusqu'en leurs détails les plus petits. Il doit être tenu avec une très-grande exactitude. Un excellent moyen pour qu'il en soit ainsi, et le meilleur sans doute, c'est d'y consigner chaque jour, les événements de chaque jour. Il est toujours très-prudént de n'y rien omettre, les plus minimes circonstances peuvent quelquefois devenir d'une utilité excessive. Les cas ne sont pas aussi rarissimes qu'on pourrait le croire, où des faits répréhensibles ont trouvé leurs preuves dans ce très-important journal, où des accusations mensongères y ont rencontré leur réfutation.

Il ne nous paraît pas nécessaire que le journal de bord soit très-étendu; il suffit qu'il soit très-exact, très-juste et le plus clair possible. Le capitaine, rédacteur très-suffisant, s'il est un peu lettré, ne ferait ni besogne meilleure ni œuvre plus satisfaisante, quand il y prendrait des airs de savantissime. On n'y cherche que l'histoire très-simple, très-naturelle, très-dépourvue d'ornements, des longs jours de navigation. Ajoutons que le capitaine y doit régulièrement faire comme un examen de conscience: examen qui peut lui être aussi profitable qu'à ses hommes et aux choses qui lui ont été confiées; examen dont un cœur bien trempé s'acquitte avec la plus grande fermeté et la plus grande franchise.

DES DOUANES.

56*. LENORMAND. Combien je maudis les douanes! Tiens, vois, mes malles viennent d'être mises sens dessus dessous. Je m'attends à y trouver bon nombre d'objets brisés. Plus je me pressais d'assurer aux employés que je n'avais rien de sujet aux droits, plus ils semblaient me prendre en suspicion et trouver plaisir à me faire endurer la torture d'une longue visite.

BLANCHARD. Ce sont là, mon oncle, désagréments fort ordinaires et communs à tout le monde.

LENORMAND. Me crois-tu égoïste à ce point de ne me plaindre que pour moi? Ton tout le monde ne me console nullement, et tu me permettras, philosophe, de trouver dans ta réplique une raison de plus pour détester les procédés du fisc. Si j'avais fait le traité, si heureusement conclu entre la France et l'Angleterre, j'aurais trouvé moyen d'en finir une bonne fois avec ces vieilleries.

BLANCHARD. Vous y auriez, sans doute, rencontré quelques difficultés.

LENORMAND. Bon! Je les connais, tes difficultés : l'ornière, la routine, l'habitude. Dis-moi, leur saurais-tu d'autres noms?

BLANCHARD. Vous auriez voulu exempter de toute visite les bagages des voyageurs?

LENORMAND. Eh! pourquoi non? Nous allons donc nous quereller un peu. J'y donne les mains. J'ai besoin de quelqu'un sur qui me refaire la patience; mais commençons par débarrasser mes poches.

Voilà pour les enfants, que nous verrons bientôt arriver, je l'espère.... Et pour ta femme, voici.... Fais-la prévenir, que nous nous embrassions d'abord.

---

* CHAP. IV. *Du pronom.* Pronom de la première personne.

DES DOUANES (suite).

57 *. LENORMAND. Salut, monsieur Scott. Vous nous venez fort à propos pour être juge ici. Parti de Londres hier, j'arrive ce matin, après avoir subi les courtoises perquisitions que vous savez, et je me demande quel inconvénient il y aurait à faire les visites de douane, au point de départ, sous les yeux des propriétaires ou des expéditeurs, au moins, dans les grandes villes.

BLANCHARD. Ce serait là toute une révolution....

LENORMAND. Je te prends encore à abuser des gros mots. Révolution! Affaire à toi pour enfler les choses; c'est évolution que tu voulais dire. Évolution, soit; celle-ci s'accomplira.

SCOTT. Verriez-vous quelque chose de bien dangereux dans la création d'un bureau spécial, aux gares de Paris et de Londres, par exemple, où la douane de chaque pays mettrait sur les bagages vérifiés, des plombs qu'on enlèverait seulement au lieu d'arrivée.

LENORMAND. C'est cela même; toujours pratiques, nos chers voisins d'outre-Manche!

BLANCHARD. Alors vous auriez des douaniers français à Londres, et des douaniers anglais à Paris?

LENORMAND. Pourquoi donc? Avec toi, tout devient embarras. Je te ferai remarquer que le moyen indiqué par M. Scott, est déjà en usage pour les grosses marchandises en transit; il ne s'étendrait qu'aux bagages, et tu reconnaîtras que les articles taxés n'y sont jamais qu'en petite quantité.

BLANCHARD. La comptabilité de la douane serait fort dérangée par cette combinaison.

LENORMAND. Dussé-je te paraître irrévérencieux, je te prie de me permettre de prendre en mince considération les dérangements de la douane. Tu te heurtes à un

---

* Pronom de la deuxième personne.

fétu. Toi, et trop de gens de ton caractère, vous vous arrêtez devant des épouvantails à moineaux. Je te réponds ainsi qu'à MM. de la douane : — Est-ce que vous auriez à tenir une comptabilité plus compliquée que l'est celle des postes entre la France et l'Angleterre ? »

DES DOUANES (suite).

58*. SCOTT. Monsieur Blanchard, un traité de commerce pareil à celui qui lie aujourd'hui la France et l'Angleterre, a une très-haute importance. Il suppose une confiance mutuelle chez les administrateurs de la loi dans les deux pays.

LENORMAND. La convention de mil huit cent soixante, qui a suivi le traité, vous donne raison, cher monsieur Scott. Elle dit que l'importateur, afin qu'il puisse établir l'origine britannique de ses produits, devra présenter à la douane française, avant de les faire entrer, soit une déclaration devant un magistrat au lieu d'expédition, soit un certificat que lui aura délivré la douane au port d'embarquement, soit enfin un certificat des conseils ou agents consulaires. Comment, on confierait à l'employé de la douane une mission qui le place si haut; et on hésiterait à le reconnaître assez capable pour lui donner le soin de procéder à la visite des bagages des voyageurs !

BLANCHARD. Si vous la voulez prendre à la lettre, la convention que vous invoquez semble admettre qu'une aptitude très-particulière n'est pas absolument nécessaire pour la délivrance d'un certificat d'origine, puisqu'elle laisse la faculté de demander cette pièce à un magistrat ou à un consul. Ils sont, je crois, l'un et l'autre, assez peu propres à découvrir la fausseté d'une déclaration.

LENORMAND. Argutie, que ce raisonnement ! Ils feront de leur mieux, consul ou magistrat. Tu peux leur contester la capacité, tu ne leur contesteras pas l'honnêteté et la vigi-

* Pronom direct de la troisième personne.

lance; or, ces deux garanties ont paru suffisantes aux législateurs. Elles me le paraissent, à moi aussi. Vas-tu jusqu'à les supposer absentes chez l'employé des douanes qui aura, en outre, l'habitude. Il faut regarder les choses par leur grand côté.

Scott. Au reste, écartez le système de la réciprocité entre les nations commerçantes, comme nous l'avons écarté en Angleterre, les tarifs disparaissent, ou à peu près, et les motifs de fraude les suivent. La liberté des échanges vous donne alors une pleine sécurité avec tous les avantages qui en sont la conséquence.

Lenormand. Voilà qui est parler d'or! La liberté conduit à la simplicité; or, il importe beaucoup que les lois des douanes soient simples. Il faut que les formalités qu'elles nécessitent soient réduites à si peu de chose que tout individu puisse les remplir. Les embarras que cause la stricte soumission aux lois compliquées invitent souvent à les violer. Les gens à courte vue, comme mon neveu, n'admettent guère cela. Ils ont peur de l'activité humaine, ils doutent de son ressort, et il leur faut, pour la soutenir, un bon arsenal de règlements. Oh! logique, ma bonne dame, ayez donc pitié d'eux et venez à leur secours.

DES DOUANES (suite).

59 *. Scott. L'idée de M. Lenormand est fort bonne en soi. Vous avez supprimé les passe-ports, et la chose en elle-même avait des côtés qui pouvaient effrayer des hommes très-sensés, prêts, d'ailleurs, à saluer eux-mêmes d'un chaud accueil tout ce qui est progrès.

J'approuverais donc la visite au départ et le plomb de circulation pour tout le temps où vous aurez des douanes. Nos messieurs anglais, nos dames anglaises plus encore, aiment à acheter elles-mêmes dans votre capitale les objets de mode, d'art et de fantaisie. Mais on tient à recevoir les

---

* Pronom réfléchi de la troisième personne.

emplettes dans toute leur fraîcheur. Le soin qu'on a mis à les réunir soi-même, justifie le désappointement éprouvé quand, après avoir pris la précaution de les faire empaqueter par le marchand lui-même, on s'aperçoit que les boîtes, ou les emballages, jusqu'aux dernières enveloppes elles-mêmes, tout a été ouvert et que le contenu lui-même a été déplacé, froissé, flétri par des mains que vous-même, monsieur Blanchard, reconnaîtrez peu délicates. J'ai souvent éprouvé moi-même le mécontentement que je vous signale.

LENORMAND. Mais toi, oui, toi-même, tu serais furieux si les brimborions que voilà étaient arrivés dans l'état que vient de dire M. Scott. L'impôt ne pense guère qu'à soi, c'est une raison pour que chacun y pense également.

SCOTT. J'ai entendu beaucoup de plaintes au sujet de ce qui nous occupe en ce moment. J'en conclus que nos élégantes feraient chez vous plus d'achats si elles avaient la certitude que les objets arriveront à leur destination sans encourir les dangers d'une visite Dites que nos dames ne voient qu'elles en ceci, qu'on ne doit pas mesurer à soi d'aussi grandes choses, que ces considérations sont mesquines, je vous répondrai que le commerce vit de ces mesquineries-là, qu'il y tient, s'en inquiète et demande, non sans raison, qu'on ne l'entrave pas trop. Vous connaissez l'importance des merveilles que Paris envoie au monde entier. Il serait bon que ces merveilles pussent circuler, à peu près comme une lettre sous son enveloppe.

LENORMAND. Ces raisons sont sans réplique et je m'y associe.

BLANCHARD. Mon oncle, je m'y rends et n'en veux plus contester la valeur... Allons dîner.

LENORMAND. Si vous le croyez gagné, monsieur Scott, vous avez grand tort. Il lui faudra des faits, et nombreux, et répétés mille fois; heureusement le temps lui en donnera, des faits.

DES ARBITRES.

60 *. De toutes les fonctions que peut être appelé à remplir un commerçant, celle d'arbitre est assurément l'une des plus honorables. Celui qui a été désigné par le juge, ou choisi par les parties pour rechercher où est la vérité et le droit, se trouve, par cela même, élevé à la hauteur du juge.

L'arbitrage est ou volontaire ou forcé. Dans celui-ci les arbitres sont obligés de s'en tenir aux formes légales, à moins que les intéressés n'en conviennent autrement; dans celui-là l'arbitre est tout à fait libre. Il n'est soumis à aucune forme de la procédure ordinaire. Souvent même, et c'est particulièrement ce qui nous intéresse, les arbitres sont autorisés à s'écarter des dispositions du Code relatives au fond, pour ne suivre que celles de l'équité naturelle. Ils prennent alors le nom d'amiables-compositeurs et prononcent, non plus au nom de la loi, mais uniquement au nom de l'esprit de paix et de conciliation. Autant celle-là, absolue en ses ordres, lie les magistrats et les plaideurs, autant celui-ci commande à l'arbitre le soin de rechercher les moyens d'apaiser les querelles et de satisfaire les intérêts lésés. Ceci nous intéresse, avons-nous dit. Tous les gens de cœur, ce nous semble, éprouveront, comme nous, un sentiment d'estime pour celui que ses concitoyens appellent à l'honneur insigne de régler leurs différends.

Ceux qui acceptent ou nomment des arbitres avec l'arrière-pensée de contester plus tard leurs décisions, nous paraissent on ne peut plus blâmables. Toutes les fois même que cela semblera ne pas devoir entraîner de bien graves inconvénients, nous souhaitons voir les arbitres devenir, par la volonté des parties, amiables-compositeurs et juges sans appel. C'est, à nos yeux, la forme la plus parfaite de la justice humaine que celle qui fait ainsi appel à l'autorité des plus dignes et, remarquez-le, non moins au

---

* Pronoms démonstratifs.

profit de ceux qui ont tort, qu'au profit de ceux qui ont raison.

Dans l'ancienne jurisprudence, ceux des arbitres, nommés par les parties, l'étaient toujours, selon l'expression du pieux Fénelon, « comme médiateurs et non juges de rigueur. » Cette règle est de celles que l'on peut regretter ; pour nous, ceux-là se rapprocheront de l'esprit de Dieu qui retourneront le plus volontiers à la coutume ancienne.

L'arbitrage est volontaire en matière civile, il est forcé en matière commerciale. Cette différence s'explique par la nature même des causes, appartenant à l'une et à l'autre des deux juridictions.

DE BORDEAUX.

61*. Bordeaux est une belle et riche cité que l'on classe au troisième rang parmi nos villes de commerce. Bâtie sur la rive gauche de la Garonne, elle mérite la réputation dont elle jouit. Son port, qui se développe en demi-cercle, reçoit des navires de toutes les parties du monde. Le trafic que l'on y fait s'étend à toutes les denrées connues. Ceux qui arrivent pour la première fois dans ce florissant entrepôt sont pris d'une admiration, à laquelle ils ne peuvent se refuser devant le superbe pont qui traverse le fleuve. Ses dix-sept arches aux proportions grandioses, en font la plus belle construction de ce genre qui soit en France. Nous croyons que l'on n'en pourrait guère trouver en Europe dont elle ne surpasse la hardiesse.

Qui s'engage dans les vieux quartiers rencontre là comme ailleurs, les laideurs auxquelles nous ont habitués nos aïeux, peu scrupuleux dans les choses à quoi l'édilité moderne attache tant d'importance. Mais il est certains autres quartiers, celui du Chapeau-Rouge et celui des Chartrons par exemple, dont le nouveau Marseille ne dédaignerait pas la splendeur.

Que nous aurions de peine à énumérer ici tous les pro-

* Pronom relatif.

duits que l'industrie particulière de Bordeaux fournit avec une abondance égale à celle des envois exotiques dont regorgent ses magasins!

Ce sont d'abord les vins si renommés de la contrée, puis ceux du Languedoc, du Quercy, du Périgord, du Roussillon, etc.; puis les eaux-de-vie de Marmande, de Cognac, à quoi vous ajouterez des chanvres, de la résine, du liége, des fruits, des grains, des farines, etc.

Les Anglais, les Hollandais, les Danois et les Suédois lui apportent du charbon de terre, de l'étain, du plomb, du cuivre, du bœuf et du saumon salés, objets auxquels sont joints des articles nombreux d'épicerie et de droguerie, de la mâture, du goudron, des bois de construction, des douves d'Allemagne, etc.

Les vaisseaux qui visitent l'antique Burdigala lui reviennent d'Amérique chargés de sucre brut et blanc, de café, de coton, de tabac, d'indigo, de rocou, de cacao, de liqueurs, etc.

Les institutions scientifiques ont à Bordeaux une importance que les institutions commerciales ne font point oublier. Ecoles, bibliothèques, musées y sont fort bien entretenus et richement dotés. Parmi les célébrités dont elle s'enorgueillit on vous citera Montaigne, et on ajoutera aussitôt que le château de la Brède qui vit naître Montesquieu, n'est qu'à deux lieues du port. Sur quoi vous saluerez respectueusement Bordeaux et ses enfants d'aujourd'hui, très-dignes du renom de leurs ancêtres. Ces sentiments sont choses à quoi on doit le respect; malheur au peuple marchand qui les oublierait ou qui les raillerait!

DES FALSIFICATIONS.

61*. Qui oserait soutenir qu'altérer les marchandises est un fait innocent? C'est un vol, et un vol de confiance, le pire des vols.

---

* Pronoms interrogatifs.

De quoi appuyer les raisonnements qui tenteraient la justification de l'acte, par lequel le vendeur réduit la quantité du poids ou du volume demandé et réellement payé par l'acheteur?

A qui le plus souvent s'adresse la fraude? De qui trompe-t-elle la bonne foi? De qui surprend-elle l'ignorance? Des faibles, des pauvres en général. A quoi encore s'attaque-t-elle par préférence? sur quoi exerce-t-elle ses pratiques déplorables? Sur les aliments, sur les boissons, sur les denrées de première nécessité, jusque sur les médicaments.

Alors qu'elle se fait ainsi, sans scrupule aucun, empoisonneuse, quoi! vous étonnerez-vous, si nous ajoutons qu'elle porte, jusqu'au bout du monde, sa funeste influence et y tue notre réputation?

Que prétendez-vous, qu'opposez-vous pour vous excuser? La concurrence vous fait une guerre qu'il vous faut soutenir.

Vous la soutiendrez cent fois mieux, cette guerre, en livrant vos produits absolument purs.

Que nous servirait, dites-vous, de vendre honnêtement, à la vieille coutume, les masses iront toujours où les prix plus que modérés les solliciteront. Peut-être; quoi de plus naturel pour celui qui achète de rechercher avant tout la qualité?

Ce que nous vous demandons, ce n'est point de livrer les choses de qualités supérieures au taux des moins bonnes; mais seulement de ne point tromper.

L'ignorance des consommateurs est pour vous un embarras, guérissons l'ignorance. La science nous y aide.

Au lieu de lui emprunter les moyens de dissimuler vos coupables manipulations, empruntez-lui les preuves évidentes de votre loyauté.

DES FALSIFICATIONS (suite).

62. Que vous voliez le public, avec des substances inoffensives, c'est une faute grave devant Dieu, un délit devant

la loi. Mais à quoi songez-vous quand vous vous livrez à des mélanges vénéneux?

Qui vous absoudra de ce crime d'empoisonnement, répété chaque jour dans l'ombre? De qui, après l'avoir commis, pour jouir plus tôt du repos et de la fortune, de qui, dis-je, pourrez-vous rechercher l'amitié? De quoi se réjouira votre vieillesse dans la retraite qu'elle se sera choisie?

Oh! sainte probité! vertu si simple, si facile, faut-il que nous en soyons encore réduits à te défendre?

Écoutez ce dialogue, marchands de substances altérées, frelatées, sophistiquées; on l'entend un peu partout, tous les jours :

« J'ai besoin de quinine pour mon enfant malade. Qui me le donnera pur? à qui m'adresser?

— N'allez pas là, on vous vendrait du plâtre. Allez ici, voilà l'honnête enseigne.

— Que cette farine est lourde! que peut-elle contenir?

— Voyons, du plâtre encore.

— Et ce sel?

— De l'iode.

— A qui donc peut-on se fier?

— A ceux qui s'enrichissent lentement.

— Voici l'adresse de deux maisons que je connais, entrez-y sans inquiétude.

— Ce vin nous a occasionné des coliques.

— Qui vous l'a fourni?

— Tels.

— Évitez ces gens-là, ce sont brasseurs d'affaires, ils font grand usage des sels de plomb. Désormais adressez-vous à leurs voisins. »

Ainsi les réputations s'établissent ou se consolident, ainsi chacun s'informe.

Les prudents vont où la sécurité les attire et il ne reste aux fripons que les clients d'aventure.

DES ARMATEURS.

63*. On nomme armateurs, dans la langue du commerce, ceux qui mettent un navire en état de prendre la mer.

Personne ne se méprendra sur la signification exacte de ce mot. Chacun comprend qu'il ne s'agit nullement de ce que comporte un matériel de guerre. C'est par exception, que les vaisseaux marchands sont fournis de ce matériel.

Il en est autrement de la mâture, de la voilure, des agrès, de tout ce qui intéresse la marche et la sûreté du navire.

Rien n'est plus raisonnable que cette expression « armateur », un peu détournée de son sens primitif, puisqu'après tout la vie d'un bâtiment est comme un combat de chaque jour contre des périls sans cesse menaçants.

Autrefois, l'armateur était bien celui qui fournissait des armes au navire, pour le mettre à même de se défendre contre les agressions d'autrui. Les progrès de la civilisation ont fait disparaître cette nécessité et, si l'on a encore l'exemple de quelques propriétés maritimes pillées ou détruites, ce n'est plus que dans l'extrême Orient. Sauf dans les mers de la Chine et du Japon, chacun peut, en pleine sécurité, confier sa fortune à la protection du pavillon.

L'armateur est propriétaire, en ce cas le navire et la cargaison lui appartiennent; ou bien il a pris le navire à loyer de quelqu'un, alors la cargaison seule est sa chose; ou bien encore il s'est associé à autrui, pour faire un chargement, alors il représente les intérêts de chacun, il gère, pour tous, la fortune commune.

* Pronoms indéfinis.

JEAN ANGO.

64. Parmi les célébrités que compte la vieille et noble famille de nos armateurs, il en est quelques-unes qui devraient vous être particulièrement signalées. Il est bon que l'on honore, dans chaque classe de citoyens, ceux qui ont mérité de l'être.

Personne d'un peu lettré ne prononce aujourd'hui sans sourire le nom d'Ango. Monsieur et Madame Ango sont devenus, grâce à une comédie spirituelle, le type des gens vulgaires, jouant au personnage. On est Madame Ango tout court et l'on tranche de la princesse, on est Monsieur Ango et on livre bataille aux majestés.

N'en déplaise à la comédie, rien de moins fondé que la réputation ainsi faite à Jean Ango. S'il y a quelqu'un de ridicule, dans son histoire avec les Portugais, ce n'est certes pas le bourgeois de Dieppe.

Ango faisait le commerce avec l'Amérique et les Indes orientales, les Portugais prétendaient encore, en ce temps-là, au commerce exclusif des deux Indes; ils trouvèrent bon, vers quinze cent trente, de piller les bâtiments d'Ango. Notre homme, sans trop s'émouvoir, sentant bien que personne ne l'aiderait, s'il ne s'aidait en cette occurrence, arme en guerre plusieurs de ses navires, les fait monter par huit cents hommes qu'il enrôle, et s'en va bloquer le Tage, dont il ravage les rives.

Assurément, personne, de nos jours, n'agirait de la sorte; mais, eu égard au temps, je ne sais s'il est rien de plus digne, dans l'histoire du commerce, que cette témérité.

Aux yeux du roi de Portugal rien ne justifiait cette agression des Français; il envoie aussitôt vers François Ier. La vigueur ne déplaisait pas au roi chevalier, et ne trouvant rien de mieux à faire que de mettre l'ambassadeur en présence de la partie lésée, il l'engagea à s'adresser à Ango. Le bourgeois et le noble personnage entrèrent en conférence. Chacun, exposant ses griefs, invoqua le respect du bien d'autrui. Comme il fallait que quelqu'un eût tort, comme d'ailleurs les premiers méfaits venaient réellement des Portugais, le roi paya au marchand une indemnité consentie de part et d'autre et qui mit fin à la guerre. Ce à quoi tout le monde applaudit. Les Portugais devenus de ce jour, un peu modestes, on trouva que parfois à quelque chose audace est plus bonne.

DES COMMIS.

65 *   Saint-Malo, 18..

     Mon cher enfant,

     Ma vieillesse s'alarme un peu de ton isolement dans cette grande ville de Nantes. Notre pauvre Saint-Malo a dû te paraître bien peu de chose à côté de ce que tu as déjà pu voir de mouvement et d'activité dans ta nouvelle résidence. N'en fais pas moins de pieux retours vers les plages qui t'ont vu naître. Jeunes gens, si heureuse, si honorée que devienne votre vie, il y a autour du clocher natal des souvenirs qui voltigent dans les rayons du soleil et que vos yeux chercheront souvent. Ces souvenirs-là reconforteront votre âme. S'il vous prend des défaillances, vous puiserez en eux la force de vouloir le bien. Ils seront l'attache de votre existence du présent à celle du passé simple, honnête et modeste.

     Ta mère se console un peu ; son dévouement à tes intérêts, sa raison, ont pris le dessus sur la douleur d'une séparation qui menace d'être longue. Ses occupations journalières, dont elle a le respect et l'amour, se sont accrues encore. Notre envoi de ce jour te dira, mieux que je ne le pourrais faire, à quoi, à qui sont consacrées les veillées de la sainte âme.

     Si mes soins pour faire de toi un honnête homme m'ont mérité ton affection, combien je leur trouve peu de prix,

* *Adjectifs pronominaux.* Adjectifs personnels ou possessifs.

à côté de tout ce que t'a si libéralement prodigué ta mère. Nos vertus, à nous les hommes, les forts, sont bien peu de chose, en vérité, à côté de leurs tendres délicatesses à elles les femmes, les faibles. Le meilleur vœu que je puisse faire en vue de ton bonheur, c'est que Dieu t'accorde un jour, pour récompenser tes efforts vers le bien, une compagne digne d'être la fille de celle qu'il m'a donnée en ma jeunesse, à moi, qui peut-être ne méritais pas ce présent.

Tu sais ma douceur et mon indulgence, à l'endroit de vos impatiences et de vos ambitions. Ces exagérations très-naturelles ont leurs excuses dans des sentiments que je ne saurais blâmer; mais leurs dangers n'en sont pas moins grands.

Mon âme, aussi, a eu ses jours de révolte contre les circonstances qui m'ont retenu dans l'humble milieu où tu es né. Apprends au moins de ma résignation et de l'égalité de mon humeur, qu'on peut obéir toute sa vie, sans perdre une joie réelle.

DES COMMIS (suite).

66. Voici mon courrier parti et ma caisse réglée, je puis donc revenir à toi pour quelques heures. Le temps que je vais te consacrer est bien le mien et je ne saurais en faire un plus doux usage.

J'ignore quelle position sera la tienne, auprès des nouveaux chefs dont tu vas adopter les intérêts, aussi apprends quelle a été la mienne, auprès de MM. Maillard et Cie. Cette espèce de confession servira de préliminaires aux conseils généraux que je te destine.

Depuis vingt-cinq ans j'ai eu affaire à des gens d'une indécision désolante; fort enclins à ne rien oser, temporisant de façon à tout compromettre, quand il aurait fallu hâter les solutions, et cependant jaloux de leur autorité.

Tu m'as souvent demandé : Comment, avec une nature comme la vôtre, pouvez-vous, mon père, supporter ou ceci ou cela? Je te laissais dire. Votre rôle, enfants, est de questionner, le nôtre est d'attendre les occasions favorables pour vous expliquer ce qui vous paraît étrange, contradictoire même, dans certains de nos actes. Que de fois il a dû t'arriver, dans une vie aussi intime que l'a toujours été la nôtre, de supposer que je prenais, peu à peu, ma part de l'irrésolution, de la mollesse timide de mes chefs. Si, alors, j'avais cherché des avis auprès de vous, celui de ta mère aurait été plus ou moins conforme au mien ; le tien m'aurait poussé à user, à abuser peut-être, de mon utilité reconnue dans la maison, pour m'y faire une situation plus nette. A quoi cela m'aurait-il conduit ? A dominer M. Maillard, à accuser mon rôle, à effacer le sien, à affirmer ma capacité aux yeux des clients, à les faire douter de la sienne, et pour quel résultat ? La juste estime que ma conscience faisait de moi-même aurait-elle grandi, parce que ces clients m'auraient accordé la leur ? Pouvais-je espérer, qu'au crédit ainsi usurpé, ils viendraient, à l'envi, ajouter encore le leur, et se hâteraient de me donner l'occasion d'obtenir un emploi plus digne de mes hautes facultés ? Un jour ou l'autre, M. Maillard se serait lassé. Il m'aurait dit alors, brutalement sans doute, ce qui est le propre des gens faibles : Vous oubliez trop quelles doivent être les fonctions de chacun ici. La vôtre se borne à exécuter mes ordres, désormais tenez-vous-y. Au moins, il me l'eût fait comprendre, et après la séparation qui n'aurait pas manqué de suivre, crois-tu qu'il m'eût été facile de porter mes talents ailleurs ?...

DES COMMIS (suite).

67. Malgré mes soins pour rester dans l'ombre, les incitations ne m'ont pas manqué, ni de la part des amis mêmes de M. Maillard, ni de la part des miens. Combien de fois ne m'a-t-on pas dit ces dangereuses paroles : On sait que vous gouvernez ici. Les résolutions qu'on y prend sont les vôtres. M. Maillard n'a guère d'idées qui soient

vraiment les siennes, et nous avons eu souvent occasion
d'admirer avec quelle naïveté il répète jusqu'à des phrases
que vous lui avez soufflées.

Cela me déplaisait fort. Toutes précautions autrement
prises que les miennes auraient pu se trouver dérangées
par une pareille opinion. Je niais qu'il en fût ainsi, et je
répondais : Soit, je vous l'accorde, les résolutions dont vous
parlez sont les nôtres, à M. Maillard et à moi. M. Maillard ne fait rien sans me consulter, et puisqu'il me demande mes avis, c'est qu'apparemment il les trouve quelquefois bons. Quoi d'étrange qu'il y accorde les siens et
que nous agissions tellement d'accord que vous ne puissiez
reconnaître où est la part de chacun?

Tu n'auras guère, plus que moi, les capitaux nécessaires
pour les grandes affaires. Quelques spéculateurs véreux
consentiraient à te prêter les leurs ou ceux d'autrui, que je
te blâmerais d'accepter l'offre. Mes aspirations et les
tiennes m'ont entraîné à te sortir du petit commerce. Tu
seras donc à tout jamais commis; oui, mais commis de
grand négociant, commis d'armateur.

En attendant que tu sois devenu le commis que je rêve,
nous allons causer plus particulièrement du commis que tu
es déjà, et je ferme cette partie de ma lettre par tous les
bons souhaits possibles, en échange des tiens....

DES COMMIS (suite).

68. Un mien confrère, le bon Théodore Morel, de la
maison Roger, est venu passer la soirée chez nous; nous
avons nécessairement jasé de toi et du déplaisir très grand
qu'il y a de vivre loin des siens; nous en sommes venus
à examiner les devoirs et les vertus de notre profession
commune. Morel m'a formulé une espèce de code, qui
remplacera très-utilement tout ce que j'avais imaginé de
t'écrire. Les opinions de mon vieil ami sont tellement con-
formes à la raison, à la probité, que je n'ai eu aucune difficulté à les faire miennes.

Les voici :

Exactitude. — Ce serait presque une banalité que de parler de ce devoir de tous les hommes, si les commis ne devaient le pratiquer plus scrupuleusement que nul autre. Dans une maison dirigée avec intelligence la besogne est partagée de façon à ce que chacun ait la sienne; mais si la négligence de l'un arrête le travail de l'autre, tout cela fait une somme considérable de temps perdu. Or, on èst toujours en face d'intérêts très-graves, et dans cette lutte du tien et du mien le succès est souvent à celui qui arrive le premier.

Politesse et courtoisie. — Petites vertus du monde, qu'il ne faut pas exagérer, mais que l'on doit se garder de négliger. Votre abord est rude, le mien ne sera guère confiant. Votre parole est brutale ou seulement cassante, la mienne restera froide et réservée. Les rapports en auront nécessairement moins de cordialité, moins de franchise.

Patience. — Nos chefs ont leurs embarras, et très-lourds souvent, il faut leur accorder facilement des circonstances atténuantes. S'ils montrent parfois une brusquerie fâcheuse, ils ont tort, mais notre roideur ne remédierait à rien.

DES COMMIS (suite).

69 *. Je t'ai laissé, hier, au moment où je te parlais de la patience. Cette lettre prise, quittée, reprise, a fort exercé la mienne.

Chacun place la source de ses plaisirs où il peut, nous cherchons les nôtres dans les légers services qu'il nous est donné de rendre à nos voisins. Ce penchant de nos cœurs est connu; aussi personne qui n'ait, de temps à autre, à nous apporter soit une part de douleurs, soit une part de besogne. Aide et consolation, nous les prodiguons l'un et l'autre autant qu'il est en nous. Tu comprends, pourquoi j'ai posé la plume hier. Je la reprends, pour finir cette fois.

---

* Adjectifs démonstratifs.

Simplicité de mœurs. — L'obligation en ce point est absolue. Le voisinage des grands capitaux, l'habitude d'aligner de gros chiffres, la facilité même de réaliser, en certains cas, des bénéfices importants, peuvent faire perdre, aux mieux doués, le sentiment juste de la valeur de l'argent. Au temps de ma jeunesse, les commis avaient des appointements très-modérés. Ces appointements nous suffisaient cependant. Vous êtes mieux traités aujourd'hui, il y a eu amélioration raisonnable; mais cette amélioration ne saurait vous permettre les jouissances du luxe que vous coudoyez chaque jour. Notre époque était, sur ce point, plus sage que la vôtre. Cet appétit désordonné de la grande vie, dont se plaignent les moralistes et qui est bien la plaie du siècle, se développe à effrayer; prends garde, mon fils, à ce danger.

Cet homme, que tu vois aujourd'hui devant la justice, repentant, humilié, brisé et à jamais flétri, avait une capacité hors ligne, c'était une intelligence vraiment supérieure; le voilà perdu pour s'être livré aux penchants mauvais.

Il n'y a point de milieu à chercher, où lui, ou moi; cette vie-ci, que tu vois finir dans la honte, ou cette vie-là que tu as connue auprès de nous, et qui, elle, finira, espérons-le de la bonté du ciel, dans la paix, avec le contentement de nous-mêmes.

J'aurai achevé, mon fils, cette longue épître, si j'ajoute encore ici que tu ne joueras jamais. Le jeu le plus modeste a des entraînements dont on triomphe malaisément, ces entraînements peuvent mener loin qui s'y expose.

Adieu, mon fils, que le Seigneur te garde. Ne cesse pas de nous aimer, ton affection est la seule richesse à laquelle nous tenions en ce bas monde.

Ton père....

DES FOIRES.

70 *. Les grandes foires, auxquelles se rendaient, jadis, les marchands de toutes les contrées du monde, perdent, chaque jour, de leur importance. Les petites foires locales tombent successivement en oubli. Ces déplacements périodiques sont une coutume à laquelle on a renoncé d'autant plus facilement qu'elle entraînait des frais considérables et que les profits auxquels on aspirait ne se réalisaient pas toujours.

Le but auquel tendaient les foires, c'est-dire la rapidité plus facile des transactions et des échéances, se trouve, aujourd'hui, atteint par les chemins de fer, les navires à vapeur, les lignes télégraphiques.

L'histoire des célèbres marchés internationaux, parmi lesquels on citait Guibray, Beaucaire, Leipzig, Nijneï-Novogorod, n'en serait pas moins fort intéressante à étudier. Mais c'est là une étude pour laquelle les documents nous manqueraient. Beaucoup de sujets, sur lesquels on a écrit des volumes, sont loin de présenter l'intérêt de celui-ci.

Nous en dirons quelques mots seulement.

La plus ancienne foire, de laquelle nous connaissions bien l'origine, est celle de Saint-Denis, instituée sous le règne de Dagobert. Avant la fameuse charte, donnée par ce roi, au souvenir duquel les légendes populaires nous ont appris à rire, il n'y avait, en France, aucun marché annuel et périodique, le commerce n'y était qu'une espèce de colportage, peu sûr et souvent entravé.

La foire de Saint-Denis une fois établie, par la charte que nous venons de rappeler, on y vit bientôt affluer les marchandises de toutes sortes.

Les Saxons y apportèrent des fers, des plombs, les juifs de la bijouterie, des parfums, les Neustriens et les Armoricains le miel et la garance, les Provençaux et les Espagnols des huiles, des vins, des suifs, ainsi que tous les

---

* Adjectifs relatifs.

produits de l'Égypte, avec ceux de quelques contrées de l'Orient.

Louis XI, sur lequel la chronique raconte nombre de cruautés, créa, en quatorze cent quatre-vingt-deux, la foire de Saint-Germain, non moins importante bientôt que son aînée.

Enfin, une troisième foire, celle de Saint-Laurent, à laquelle appartient également une place importante dans les annales du commerce de Paris, s'ouvrait vers la fin de juin et durait trois mois.

DES FOIRES (suite).

71. Il y a eu aussi en province quelques foires justement renommées, au nombre desquelles on comptait particulièrement, celle de Guibray et celle de Beaucaire. Guibray est un faubourg de Falaise, en Normandie. La foire s'ouvre le dix août, par un très-riche marché aux chevaux et aux bestiaux. Le treize, a lieu la vente dans les magasins ; tout est terminé vers le dix-sept. Dans ce court espace de temps, il se fait encore aujourd'hui près de quinze millions d'affaires courantes, desquelles il convient de déduire quinze cent mille francs pour les animaux.

Le trafic si considérable de cette foire a pour objets principaux les frocs et les flanelles de Lisieux, les velours, alépines et camelots d'Amiens, les rouenneries, — sur lesquelles les transactions atteignent le chiffre de quinze cent mille francs, — les draps de Vire, d'Elbeuf, de Louviers, de Sedan, de Beauvais, de Reims, — auxquels cette dernière ville joint des flanelles très-estimées, — les toiles fines d'Alençon, Vimoutiers, etc., les grosses toiles et les coutils de Fers, les couvertures de Paris, Orléans, Verneuil, les tricots de Picardie, les bas de Caen et d'Orléans, les batistes et les toiles de Saint-Quentin, les futaines d'Athis, les droguets de Saint-Lô, les cotons filés de Rouen, Condé, etc., les flanelles, toiles et blouses de Lille et de Roubaix ; auxquelles il faut ajouter la quincaillerie de Paris, de l'Aigle, plus la bonneterie de Falaise même, sans compter la sellerie, l'horlogerie, etc., etc.

Beaucaire, la ville où se donnaient rendez-vous tant et tant de marchands des quatre parties du monde, n'est plus guère qu'un marché intérieur.

Quoique à Beaucaire, comme à Guibray, les transactions soient encore fort considérables, puisque l'on compte une population active de quatre-vingt à cent mille âmes réunie tant que dure la foire, la déchéance, d'où rien ne saurait la tirer, ne menace pas moins cette vieille institution.

DES FOIRES (suite).

72. Après les foires françaises dont nous venons de parler se placent naturellement celles de Leipzig et de Nijneï-Novogorod. La richesse des échanges auxquels on se livrait, il y a moins d'un siècle, à celle de Leipzig, en font encore aujourd'hui l'une des plus intéressantes de l'Europe. Outre les pelleteries, auxquelles il faut joindre le coton, la laine, les denrées coloniales, les chevaux, les marchandises de France et d'Angleterre; ainsi que le fer, le cuivre, le plomb, l'étain, le cobalt, de l'Erzgebirge; on y achète et l'on y vend une quantité considérable de livres. Ce commerce particulier, auquel prennent part toutes les librairies de l'Allemagne, donne à la foire de Leipzig un caractère spécial.

Nijneï-Novogorod, ville située sur la route de Moscou à la Sibérie, à l'endroit où se joignent l'Oka et le Volga, voit, au mois de juillet de chaque année, arriver les marchands russes, américains, boukhares, tatars et persans. Les objets du trafic, auquel ils se livrent avec une prodigieuse activité, et sur lesquels sont réalisés, de part et d'autre, d'importants bénéfices, sont les cordages, les cuirs, les peaux, les fourrures, les toiles, les meubles, les étoffes, le caviar, etc., que l'on échange contre le thé, le coton de Boukharie, les épiceries de toutes natures, de toutes provenances, les châles de l'Inde, etc. La foire de Nijneï-No-

vogorod est celle de toutes qui, très-probablement, se
conservera le plus longtemps. La Russie a très-peu d'habitants, relativement à son étendue. Par cette raison les
chemins de fer n'y ont encore qu'une importance secondaire. Il faudra toujours beaucoup de temps pour transporter les hommes et les choses, d'un lieu à un autre,
d'où la rareté grande encore des voyages et par conséquent
la nécessité et l'utilité des foires.

DES SPÉCULATIONS.

73*. Lorsque vous entrez dans la carrière commerciale,
deux routes bien distinctes s'ouvrent devant vous.

Le moment est venu de prendre un parti. Laquelle de ces
routes choisirez-vous?

Du premier pas que vous allez faire, ou vers l'une ou
vers l'autre, dépend votre avenir ; car il en est une, sur laquelle on ne peut plus s'arrêter, quand une fois on s'y est
imprudemment engagé.

Quel est ce discours? vous dites-vous. Quoi! aux choses
commerciales tant de périls? Quelle peur ridicule espérez-
vous nous inspirer? Vous parlez de deux chemins, il faut
nous éloigner de l'un... Duquel, s'il vous plaît? Est-ce
qu'il y a deux sortes de commerçants? Quel phénix sera
celui dont l'exemple est bon à suivre?

Et l'autre, qu'il faut se garder d'imiter, quel est-il?

Un commerçant, digne de ce nom, se contente d'acheter
aux meilleures conditions possibles, les meilleures marchandises qu'il a coutume de vendre, et il les livre à un prix
justement rémunérateur pour ce qu'elles sont, pour ce
qu'elles valent. Il ne fait que très-rarement et pour des
quantités normales, des marchés conditionnels. La marchandise qu'il offre sur échantillon, il l'a en magasin, ou
tout au moins il sait où la trouver dans un court délai.

— Et quelle fortune peut-il faire ainsi?... Fort raison-

* Adjectifs interrogatifs.

nable s'il a de l'ordre, de l'économie, s'il n'est point pressé de prendre un repos non gagné.

— Quel temps devra-t-il donc mettre pour le gagner, ce repos?

— Les trente ou quarante années durant lesquelles un homme doit faire porter son activité et son intelligence sur un travail quelconque profitable à la société tout entière.

Pour l'autre, il n'a du commerçant que les apparences, c'est un spéculateur. Et quel homme est-ce qu'un spéculateur, sinon un joueur? Sa vie entière se passe en alternatives d'inquiétudes et d'espérances. Il ne possède rien de ce qu'il vend, il ne demande jamais livraison de ce qu'il achète, si ce n'est dans la proportion où cela est strictement nécessaire pour voiler un peu ce que ses opérations ont de véreux et d'aléatoire.

Ne me demandez pas quels gains il a réalisés sur ceci ou sur cela, demandez plutôt quelle sera sa fin.

La pratique du commerce assure, à un jour prévu, une aisance honorable. La pratique des spéculations mène presque toujours à une ruine plus ou moins tardive.

DES BOURSES.

74 *. Aucun spectacle n'est captivant comme celui de l'intérieur de la bourse, dans certaines de nos cités commerciales. Là, tout homme semble pris d'une activité fiévreuse, nul n'y reste facilement simple curieux. Tel indifférent qui y est entré calme et froid, se sent bientôt emporté par l'entrain de tous.

Plusieurs qui n'avaient rien vont peut-être sortir riches. D'autres, riches ce matin, seront ruinés ce soir. Mainte nouvelle inconnue encore arrivera subitement, qui renversera les calculs les mieux établis en apparence.

Les agents de change qui ont seuls qualité officielle pour régulariser les marchés, paraissent plus encore que les autres acteurs céder à l'entraînement général; mais,

* Adjectifs indéfinis.

comme ils ne doivent faire aucun marché pour leur compte, ils ne se démènent ainsi que pour les intérêts d'autrui.

Nous ne parlons ici que de la bourse des valeurs publiques, actions, obligations, etc. La bourse des marchandises qui se tient aux mêmes lieux mais à une autre heure, est celle des vrais négociants, la seule qu'il leur convient de fréquenter. On sent que le jeu n'y est qu'une exception et que, si d'aucuns s'y livrent, cela se fait contrairement aux habitudes et aux saines traditions.

Les intermédiaires pour les transactions du commerce se nomment courtiers, courtiers d'assurances, courtiers de marchandises. C'est à eux qu'il appartient de constater les cours, de publier les quantités vendues et achetées, celles arrivées ou attendues, en général tout ce qui intéresse la place.

DES BOURSES (suite).

75. On n'est pas bien fixé sur l'origine du mot bourse. Entre plusieurs opinions la plus probable est celle qui le fait venir du nom de la maison des Vender-Burse de Bruges, ville où se sont tenues les premières assemblées de ce genre. Cependant, une autre chronique prétend que le premier local de cette nature, construit à Amsterdam, aurait été orné comme emblème, de trois bourses sculptées au-dessus de la porte d'entrée, et que le nom serait venu de ces trois bourses.

Nous ne connaissons dans l'antiquité nulle autre institution que celle du collége des marchands analogue à nos bourses d'aujourd'hui. L'histoire ne nous a laissé aucuns matériaux qui puissent servir à en bien étudier et l'origine et le développement, en dehors de ce qui concerne la bourse de Toulouse, instituée en mil cinq cent quarante, et celle de Rouen créée vers la même époque sous la désignation de convention de Rouen.

A Paris et à Lyon, le lieu adopté par les négociants pour leurs assemblées quotidiennes, fut d'abord nommé place au change, nul historien ne dit rien de plus qui soit important.

La bourse de Paris est un magnifique édifice commencé en seize cent huit et achevé en dix-huit cent vingt-six seulement. S'il est aucun de vous qui ait visité ou qui visite un jour ce monument, nous appelons son attention sur les peintures de la grande salle du rez-de-chaussée. Elles sont l'œuvre des peintres Meymer et Abel de Pujol. Cette salle a cinquante-huit mètres de largeur et presque autant de hauteur. Un tel développement en fait le lieu de réunion le plus admirable en ce genre. Elle peut contenir deux mille personnes. De quelque côté que ce soit, elle se trouve on ne peut mieux éclairée, le jour y venant d'en haut et par les galeries qui l'entourent. Par une espèce de coquetterie nationale, on n'y a employé aucuns matériaux autres que des matériaux du pays ; pierres, marbres, fers, cuivres, sont des produits du sol de la France. Il n'est entré dans la construction aucune pièce de bois.

Il y a maintenant, dans le monde civilisé, tout un ensemble de bourses aussi remarquables pour l'importance commerciale ou comme monument. Celles d'Amsterdam, de Londres, de Saint-Pétersbourg, d'Anvers, de Trieste, maintes autres que nous ne pouvons citer ici sont fort dignes d'une description détaillée. Nul voyageur ne perdra son temps à les étudier.

DU LIÉGE.

76*. Quatre ou cinq arbres de différentes espèces pourraient nous fournir du liége, mais un seul est exploité. C'est un chène à feuilles persistantes, de ceux qu'on désigne sous le nom de chênes verts, et qui a pris de là son nom particulier de chêne-liége.

Le chêne-liége ne se plaît que sur les coteaux secs et dans les terres peu profondes. La limite supérieure où on le trouve est à peu près celle de la vigne, c'est-à-dire cinq cents mètres au-dessus du niveau de la mer. Il ne s'avance

* Adjectifs numéraux.

jamais au delà du quarante-cinquième degré de latitude vers le Nord. En France, il croît spontanément dans six ou sept départements du Midi. Il en existe en Corse, en Algérie. Il abonde dans le royaume de Valence, dans l'Estramadure et surtout en Catalogne. Ce dernier pays en envoie par toute l'Europe.

L'écorce qui constitue le liége, ne peut être enlevée utilement au chêne producteur, que quand il est entre la quinzième et la vingtième année. Mieux vaut encore qu'il ait atteint vingt-cinq ans et même trente, puisqu'un arbre n'a sa valeur commerciale assurée que vers quarante ans. Il peut produire alors en moyenne, quarante et un ou quarante-deux, jusqu'à cinquante kilogrammes de liége. Un chêne de cent ans en donne jusqu'à cent kilogrammes. La hauteur ordinaire est de huit à dix mètres; mais elle atteint quelquefois jusqu'à vingt mètres pour un mètre cinquante centimètres de large. L'arbre dépouillé met huit ou dix ans à reformer son écorce et n'est exploitable qu'après ce laps de temps.

Le prix du liége est, en Catalogne, de quinze à trente francs le quintal; il est de vingt et un ou de vingt-deux francs, terme moyen, pour les qualités ordinaires, mais il monte quelquefois jusqu'à quatre-vingts et même quatre-vingt-dix francs par quintal métrique, pour les premières sortes.

DU LIÉGE (suite).

77. Il y a des liéges de diverses qualités. Avec quarante kilogrammes de la première on peut fabriquer jusqu'à sept mille bouchons; avec autant de la seconde on en obtiendrait encore plus de six mille, tandis qu'on ne dépasserait pas quatre mille en employant la qualité ordinaire.

Cette branche industrielle est un élément de richesse considérable pour la province de Girone, où l'on a recolté en mil huit cent soixante-deux environ cent vingt-cinq mille quintaux de liége. Pour satisfaire aux besoins de la fabrication qui consomme cent cinquante-cinq mille quintaux par an, trente mille sont tirés principalement de l'Andalousie, de l'Estramadure et du dis'rict d'Arenys-de-Mar dans la province de Barcelone. Huit mille individus des deux sexes sont occupés par cette industrie. Dans ce nombre figurent trois mille trois cents ouvriers qui confectionnent le bouchon.

La production annuelle des bouchons s'élève à environ un million deux cent quatre-vingt-trois milliers d'une valeur approximative de quinze millions cinq cent mille francs. La matière première peut être évaluée à trois millions de francs.

Les anciens ne connaissaient pas les bouchons, cependant les dames romaines faisaient usage du liége pour leurs chaussures, au moins aux bains, ainsi que nous l'apprend Pline le naturaliste, qui mourut l'an soixante-dix-neuf de Jésus-Christ.

Dans notre colonie d'Afrique, une petite ville située au bord de la mer, à quatre cent soixante-cinq kilomètres d'Alger et qui nous appartenait dès l'an mil cinq cent quatre-vingt-quatorze, mais que nous avons perdue plusieurs fois pour ne la reprendre définitivement qu'en mil huit cent trente-six, la Calle, voit prospérer dans ses environs, sur une étendue de cinq ou six milles, un nombre assez considérable de chênes-liéges. Le dépouillement des arbres se fait ordinairement du quinze juillet au dix septembre.

Outre les bouchons, on fabrique avec le liége des assiettes, des gobelets, des bouées, qu'on établit à plusieurs milles à l'entrée des rivières et en avant des ports; puis encore des chapelets pour soutenir sur l'eau les filets des pêcheurs, des casaques pour la natation, des scaphandres, etc. Généralement, c'est la grande légèreté du liége qu'on utilise. Il a cependant d'autres propriétés dont on saura tirer parti, tôt ou tard, et au pas dont marche l'industrie humaine, nul ne saurait prévoir quels seront les usages auxquels il pourra être employé en l'an deux mille.

DU COMMERCE DE LA FRANCE.

78. Le commerce de la France avec ses colonies et les puissances étrangères, a embrassé pendant la période de mil huit cent soixante-cinq — importations et exportations réunies — une masse de produits représentant sept milliards six cent quatorze millions en valeur actuelle. C'est une augmentation de deux cent quatre-vingt-cinq millions sur l'année mil huit cent soixante-quatre et de un milliard onze millions sur la moyenne de la période des cinq années antérieures à mil huit cent soixante-cinq. A l'importation les valeurs ont atteint le chiffre de trois milliards cinq cent vingt-sept millions, à l'exportation celui de quatre milliards quatre-vingt-sept millions.

Au point de vue du commerce spécial, les chiffres sont — importation et exportation réunies — de cinq milliards sept cent trente millions, soit deux cent soixante-dix-huit millions de plus qu'en mil huit cent soixante-quatre. Les marchandises étrangères, admises temporairement pour recevoir en France une transformation ou un complément de main-d'œuvre, ne figurent pas dans les comptes du commerce spécial. Elles représentent cent trois millions de francs. Les produits réexportés, après main-d'œuvre, comprennent deux cent cinq millions.

Les puissances étrangères avec lesquelles nous avons fait le plus d'échanges en mil huit cent soixante-cinq sont, dans l'ordre de l'importance de ces échanges, la première l'Angleterre, la deuxième la Suisse, la troisième la Belgique, la quatrième le royaume d'Italie, la cinquième l'association commerciale allemande, la sixième l'Espagne, la septième la Turquie, la huitième le Brésil, la neuvième l'Égypte, puis les États-Unis, la Russie, Rio de la Plata et les Indes anglaises.

Les navires armés pour la pêche de la morue ont rapporté en mil huit cent soixante-cinq deux cent quatre-vingt-dix-neuf mille trois cent soixante-cinq quintaux métriques de morues vertes et sèches, de draches, de rogues et d'is-

sues; soit deux mille cent quatre-vingt-quatorze quintaux
de plus que l'année précédente. Les exportations de morues
sèches sous bénéfice de prime, ont été de vingt-six mille
neuf cent soixante-seize quintaux métriques. Les produits,
en huile et en fanons, rapportés de la pêche de la baleine
et du cachalot, n'ont été que de neuf cent dix-neuf quintaux métriques.

Sept cent quarante-six navires, jaugeant ensemble vingt
et un mille huit cent trente-deux tonneaux et montés par
dix mille deux cent soixante-dix-sept hommes d'équipage,
ont été armés en mil huit cent soixante-cinq pour la pêche
du hareng. Ils ont rapporté deux cent quatre-vingt-dix-sept
mille neuf cent vingt-cinq quintaux métriques.

DU COMMERCE DE LA FRANCE (suite).

79. Le nombre des voyages qui se sont effectués sous
tous les pavillons et par navires chargés, soit à voiles, soit
à vapeur, entre la France d'une part, les colonies, la
grande pêche et l'étranger d'autre part, a été de cinquante
et un mille cent cinquante-six. En dix-huit cent soixante-
cinq les navires qui y ont été affectés jaugeaient ensemble
huit millions cinq cent quatre-vingt mille tonneaux. Il
serait curieux de savoir le nombre des milles marins
parcourus.

Notre marine a pris part à ces mouvements dans la proportion de quarante-deux pour cent quant au tonnage.

Le commerce général extérieur de l'Algérie a porté en dix-
huit cent soixante-cinq sur quarante-six millions neuf mille
quatre-vingt-un francs en valeurs officielles. Au commerce
spécial l'ensemble du mouvement a été de quarante-cinq
millions cinq cent quarante et un mille huit cent cinquante-
huit francs.

Il ne faut pas oublier que le commerce général est celui
qui embrasse tout ce qui arrive de l'étranger et de nos colonies soit par terre soit par mer, sans égard ni à l'origine
première des marchandises, ni à leur destination ultérieure,

tandis que le commerce spécial ne comprend que ce qui entre dans la consommation du pays.

Si nous nous reportons à mil huit cent trente-deux, nous trouvons pour le commerce de l'Algérie — importation et exportation réunies — cinq millions neuf cent mille cinq cent cinquante-cinq francs seulement. C'est là, pour un peu plus de trente années, une augmentation qui mérite qu'on s'y arrête.

L'Algérie recevait au moment de la conquête des substances alimentaires, des denrées coloniales, des tissus, de la quincaillerie, etc. Elle donnait des cuirs, de l'huile, du kermès, un peu de cuivre et des plumes d'autruche. Aujourd'hui, non seulement elle produit pour elle-même des blés, des légumes, des fruits, du beurre, des œufs, etc.; mais encore elle en exporte de notables quantités. On y a introduit avec succès la culture du tabac et du coton, on y fabrique des vins excellents, on en tire des marbres justement estimés, et elle promet des ressources inépuisables.

DU COTON.

80*. La guerre civile qui a si malheureusement ensanglanté l'Amérique du Nord et l'Amérique du Sud, a modifié d'une façon sérieuse les conditions anciennes de la production du coton. Personne ne saurait dire encore si ces contrées reprendront jamais l'importance qu'elles avaient acquise pour l'alimentation de nos fabriques.

Il est probable que désormais les cotons nous viendront mi-partie d'Amérique, mi-partie des contrées qui ont saisi l'occasion pour essayer des plantations.

Le coton est la bourre fine, soyeuse, plus ou moins blanche, qui enveloppe les graines d'un genre de plante, de la famille des mauves.

Parmi les espèces connues de cotonniers on cite :

* Chap. II. *De l'article.* Chap. III. *De l'adjectif.* Chap. IV. *Du pronom, adjectifs pronominaux, adjectifs numéraux* (Récapitulation).

Le cotonnier herbacé — qui croît en Égypte, en Syrie, dans l'Inde orientale, et dont la culture, propagée dans le royaume de Naples et sur les côtes méridionales de l'Andalousie, a été essayée dans les régions chaudes de la France. Le nom donné à cette espèce n'est pas d'une exactitude parfaite. Elle varie, en effet, beaucoup dans son port : c'est quelquefois une plante herbacée de quatre cents à cinq cent quarante, ou cinq cent cinquante millimètres. D'autres fois, c'est un arbuste à tige vivace et ligneuse, s'élevant de un mètre et demi jusqu'à deux mètres et demi.

Le cotonnier arborescent — a une tige qui pousse droit et arrive vite à la hauteur de cinq à sept mètres. Il croît dans l'Inde, l'Arabie et l'Égypte, d'où il a été transporté aux Canaries, puis en Amérique.

Le cotonnier de l'Inde. — Cette espèce, toute différente qu'elle soit, paraît tenir le milieu entre les deux précédentes. Elle est originaire des Indes orientales, ainsi que son nom l'indique.

Le cotonnier velu. — Herbacée rameuse velue, sa tige le distingue des autres. Les pétioles de ses feuilles sont molles et pubescentes des deux côtés.

Le cotonnier religieux — petit arbuste de un mètre à un mètre trois décimètres d'élévation, se distingue entre tous les autres par son style extrêmement long et saillant hors de la corolle, même avant son épanouissement. Il est cultivé en diverses contrées du globe, surtout à l'Ile de France et dans l'Inde.

DU COTON (suite).

81. Parmi les matières qui servent à la fabrication des étoffes, la laine et le lin sont celles sur lesquelles le monde ancien nous a laissé le plus de renseignements. Ni la Grèce, ni Rome ne connurent les emplois du coton. L'Asie avait seule approprié à l'usage de ses populations les fibres délicates de cette plante. Quelques recherches que l'on puisse faire dans l'histoire des temps anciens, on trouve des tissus

unis, ou à fleurs, fabriqués au delà de l'Indus, mais nullement ailleurs.

L'Europe, par sa situation, est exclue de la culture du
coton, auquel sont nécessaires une température et un climat
déterminés qui ne s'y rencontrent que dans l'Espagne,
l'Italie et la Grèce.

Au temps d'Arrien, c'est-à-dire vers l'an cent vingt avant
Jésus-Christ, les Arabes et les Grecs débarquaient à Adulis,
dans la mer Rouge, des cotons et des tissus de coton qui
provenaient des entrepôts du golfe Persique et de l'Inde,
de Masulipatam entre autres, et aussi de Calicut, dont le
nom est devenu pour nous celui du calicot; mais ces marchandises, transportées par une marine encore dans l'enfance, ne franchissaient guère la limite qui sépare l'Europe
de l'Asie.

L'introduction des tissus de coton en Égypte ne doit
même pas remonter à plus de quelque quatre-vingts ans
avant l'ère chrétienne si l'on s'en rapporte aux études faites
sur les monuments. Aucune des toiles ayant servi à la
sépulture des momies ne s'est rencontrée qui fût de coton.
Toutes sont de lin avant cette époque.

Ce qui peut étonner, c'est que Christophe Colomb ayant
trouvé en Amérique les habitants vêtus de coton, il ait
fallu arriver jusque vers la fin du dix-huitième siècle pour
obtenir de cette matière textile une quantité annuelle capable de servir à des échanges importants. Voilà qui certainement paraîtra étrange à qui ne connaîtra pas les
détails que voici : En mil sept cent quarante-sept, sept
balles de coton furent expédiées de Charlestown pour l'Europe, et lorsqu'en mil sept cent quatre-vingt-quatre le
même port envoya en Angleterre soixante et onze balles
nouvelles, environ huit à neuf mille kilogrammes, on saisit
la cargaison comme contrebande, et l'on invoqua à ce propos l'impossibilité pour l'Amérique de produire une aussi
grande quantité de coton.

DU COTON (suite).

82. Quelques années avant la guerre, on n'estimait pas l'exportation des États-Unis à beaucoup moins de six cents millions de kilogrammes, dont la valeur évaluée, en francs, approche du chiffre de sept cents millions. Quelques personnes évaluaient alors la production de l'industrie du coton dans le monde entier, à plus de quatre milliards de francs.

Quelque diminuées que soient les plantations en Amérique, elles paraissent devoir reprendre assez promptement leur importance.

La force, la longueur, la propreté, l'éclat satisfaisant du coton, dépendent de la température plus ou moins favorable, de l'époque bien ou mal choisie pour la récolte, et aussi des soins apportés au nettoyage.

Le coton, imparfaitement nettoyé, reste chargé de pepins, de portions de capsules; il contient de la terre ou du sable. Il arrive encore que les filaments sont énervés par l'action de la machine; alors tous les brins ont chacun perdu leur longueur et leur souplesse; ils se disposent de manière à former des espèces de nœuds, qui rendent le travail ultérieur très-difficile et donnent un pauvre résultat à la filature. Avec ce coton-là, on fait, à grands frais, le linge d'un homme pauvre.

On distingue sur le marché les cotons en longue soie et en courte soie. Des deux espèces, chacune a son emploi déterminé; pour les sortes les moins bien préparées, aucune ne reste tout à fait sans usage. Tout longue-soie sert à confectionner les tissus fins et délicats, mousselines, tulles, percales de premier choix. Le courte-soie est propre à toute fabrication, depuis l'étoffe la plus grossière, jusqu'à celle de finesse moyenne.

Les cotons du Brésil ont en eux les qualités désirées pour la teinture, à laquelle on ne soumet guère que les étoffes mi-fines, comme les madapolams.

Le courte-soie de l'Inde ne donne en France que de grosses étoffes. L'Angleterre en tire un meilleur parti.

Les cotons longue-soie sont donc ceux que l'on préfère; et en tête, on place celui de la Géorgie; après viennent, dans l'ordre de leur mérite, les cotons de Bourbon, ceux d'Égypte, de Porto-Rico, de Cayenne, de Pernambouc, de Bahia, etc. On classe les cotons courte-soie dans l'ordre suivant : cotons de la Louisiane, de Cayenne, d'Alabama, de Mobile, du Tennessee, de la Caroline, de la Géorgie, du Sénégal, etc.

DU SEL.

83. Mon oncle Jean était un vieillard d'humeur agréable. Il avait un grand sens, une grande droiture; sa parole nette, précise, franche, ne cherchait point de détours prudents pour présenter les opinions qu'il croyait utile de formuler. On venait volontiers lui demander conseil. Avec raison on avait confiance dans sa loyauté. Je n'étais qu'un enfant, et ses airs un peu tranchants me faisaient peur. Il ne les prenait cependant jamais avec moi; au contraire, quand il s'avisait de travailler à mon éducation, il imposait à sa voix une douceur, un calme bienveillant, auquel il m'eût été impossible de résister.

Aussi, j'ai gardé le meilleur souvenir de mon oncle Jean.

Dussé-je vivre cent ans, son image me restera au cœur, à côté de celle de ma mère, sainte femme, « qu'il aimait, disait-il, parce qu'elle avait beaucoup et patiemment souffert. » En somme, c'était, dans la plus large acception du mot, un honnête homme que mon oncle, ce qui ne veut pas dire qu'il fût un homme honnête quand il rencontrait sur son chemin des ignorances, des préjugés, des partis pris qui le blessaient. Il est vrai d'ajouter que, s'il s'attaquait haut et ferme aux choses, il savait ménager les personnes. On pouvait certes lui reprocher de malmener la sottise : personne n'aurait pu l'accuser de tourmenter les sots.

Un soir, ma sœur montrait, avec complaisance, les menus trésors de son modeste écrin de jeune fille, à une amie. On avait déjà passé en revue la réserve des jolis rubans rose tendre, rouge-cerise, lilas clair et autres de nuances diverses, destinés aux toilettes du printemps, et l'on admirait les bijoux. Le premier et le second collier avaient donné lieu à des exclamations qui impatientaient mon oncle Jean. La première et la seconde bague eurent l'honneur des mêmes saluts joyeux, saluts dont la mauvaise humeur de mon oncle Jean me parut s'accroître.

Ces demoiselles tenaient une petite croix garnie de quelques brillants.

« Oh! mais, s'écria l'amie de ma sœur, ce sont des pierres précieuses, des vraies! »

Mon oncle se leva alors.

« Ça, fit-il, en désignant la croix d'un air de mépris; ça, non, mon enfant! Ce ne sont pas des pierres précieuses. Que vous les nommiez des pierres rares, j'y consens; mais, pour précieuses, elles ne le sont pas. Il n'y a de précieux dans la nature que ce qui est utile. Or, à quoi ces pierres sont-elles bonnes? A rien, absolument; croyez-moi, habituez-vous à conserver aux mots relevés leur signification réelle, et ne les appliquez jamais à des objets qui n'en sont pas dignes. Tournez ces pierres, retournez-les dans votre main, tant qu'il vous plaira; très-bien. Mais après le plaisir qu'elles auront donné à vos yeux qui les regardent, dites-moi, quel service pouvez-vous leur demander? A quoi les utiliser? Quel emploi en ferez-vous pour aider à votre bien-être, ou à celui d'autrui? Ce sont misères que ces cailloux : rares seulement; chers, s'il vous plaît, mais précieux en aucune façon. Le bon Dieu, dont la main est toute-puissante, ne les a si clair-semés sur la terre que parce que nous n'en avons nul besoin. Autrement, en sa grande bonté, il nous les aurait prodigués avec la même abondance que le fer et que le sel. Hélas! nous méconnaissons les vrais présents de Dieu et nous les dédaignons pour nous attacher aux apparences! Ah! les hommes sont d'étranges animaux et leur perfection un très-misérable mensonge. »

Mon oncle Jean, en achevant ces dernières paroles, retourna à son fauteuil et s'y assit tout songeur.

DU SEL (suite).

84. La singulière, la soudaine boutade du bonhomme avait troublé la joie un peu bruyante de ma sœur et de sa compagne. Rubans, dentelles, colliers, bijoux rentrèrent tout doucement dans les cartons, et nos mutines gagnèrent d'un pied discret un lieu plus propice à leurs admirations.

Mon oncle Jean m'appela à lui et, m'attirant entre ses jambes, il entreprit de terminer pour moi la remontrance commencée.

« Viens çà, cher fils de ma sœur, me dit-il; ces péronnelles sont de folles cervelles ; laissons-les à leurs brimborions. Bien des hommes, au reste, pensent comme elles et tiennent les mêmes discours. Sois du petit nombre des honnêtes gens à qui il ne déplaît pas d'entendre parler net, et retiens bien cela : il n'y a de précieux, ici-bas, que ce qui est utile. Va me chercher ceci. »

Il me montrait du doigt la salière, qui se trouvait en vue sur la tablette de marbre d'un buffet voisin de nous; j'obéis.

« Enfant, continua le vieillard, il n'y a pas de bon pain, il n'y a pas de viande saine, sans cette humble poudre. Les végétaux que nous mangeons nous répugneraient; nous ne les pourrions facilement digérer, si le sel, que voici, n'en modifiait la saveur ou n'en effaçait l'insapidité.

« Sans le sel, qui nous aide encore pour conserver les beurres, point de poissons dont nous puissions faire provision. Chacun se trouverait réduit à chercher les aliments de chaque jour. Il nous faudrait presque pour chaque repas, ou des animaux frais abattus, ou des herbes fraîches cueillies.

« Nos chèvres, nos moutons, nos bœufs recherchent instinctivement le sel. Feu ta tante ne manquait jamais d'en jeter, le matin et le soir, quelques pincées à nos volailles et à nos pigeons. La bande gourmande, tout heureuse de l'aubaine attendue, battait des ailes, poussait des cris ; puis, satisfaite, s'en retournait lentement, reconnaissante, à coup sûr, à la recherche des grains et des vermisseaux.

« La terre elle-même, qui nous donne le sel, aime le sel ; non compris l'utilité dont il peut être, semé au voisinage de la tige des arbres, il donne aux fumiers une puissance, une efficacité plus grandes ; et le sol qui l'a reçu paye largement la peine qu'on a prise de le lui fournir. C'est tout autre chose, si on le lui prodigue sans mesure ; comme tous les vrais biens dont on abuse, le sel devient nuisible, employé en excès. Il stérilise les contrées où il surabonde pour une cause quelle qu'elle soit, qu'on l'y ait apporté ou qu'il s'y produise naturellement. »

DU SEL (suite).

85. « Tu m'écoutes avec attention ; tu sembles prendre intérêt à ma leçon. C'est au mieux, mon enfant ; il importe de ne pas laisser les idées et les opinions erronées s'établir dans notre esprit. Il n'y a guère qu'un temps pour empêcher ce mal : c'est celui de la jeunesse. Passé ces heures fortunées où l'on apprend, si par malheur on a fait accueil, sans examen sérieux, aux formules toutes faites de la prétendue sagesse humaine, il devient fort difficile de rentrer dans la droite raison. La coutume, l'habitude sont puissantes à l'excès. Je connais peu de personnes qui se délivrent absolument des préjugés, quelques efforts qu'elles fassent d'ailleurs pour cela. Ils ont chacun leur part considérable dans les sottises commises chaque jour autour de nous.

« Quand je t'aurai mis sous les yeux l'importance commerciale du sel, tu comprendras mieux pourquoi je soutiens que c'est là une substance précieuse entre toutes.

« Quelque ignorant que tu sois encore de ce que l'on doit considérer comme essentiel au bonheur des hommes, tu reconnaîtras qu'il faut remercier Dieu, moins pour nos

roses que pour nos foins, moins pour l'or que pour la
houille; ou plutôt, tu le remercieras de toutes choses,
mises en leur place.

« Nous allons visiter ensemble les mines de Wieliezka,
veuille m'y suivre, tu en sortiras émerveillé.

« Nous sommes en Pologne, près de Cracovie. Descends,
par la pensée, à une profondeur de plus de quatre cents
mètres, c'est-à-dire à quelque soixante-cinq mètres au-
dessous du niveau des mers actuelles. Nous avons devant
nous des galeries de plus de cent myriamètres de longueur
et larges, en quelques endroits, de vingt myriamètres. Ad-
mires-en la splendeur, les magnificences.

« C'est une succession de vastes souterrains, une ville immense, avec ses rues, ses places publiques, ses habitations,
ses églises. Voilà là-bas des enfants demi-nus qui jouent,
insoucieux d'eux-mêmes, ce sont des enfants d'ouvriers. Ils
ont dans les ateliers leurs pères et leurs mères, leurs aïeuls
souvent. Ils y sont nés, ils y travailleront bientôt, ils s'y
marieront, et quelques-uns peut-être y mourront, sans en
être jamais sortis.

« A défaut du soleil, dont ils ne connaissent guère l'éclat
que par ouï-dire, de nombreuses lumières les éclairent. Ces
lumières, réfléchies sur les murs de sel, les font paraître,
tantôt clairs et étincelants comme le cristal, tantôt brillants
des plus vives couleurs, vives à ce point que l'œil n'en peut
pas toujours supporter l'éclat.

« La quantité de sel que l'on a tirée de ces mines, depuis
leur découverte, s'élève à plus de six cents millions de
quintaux, nul ne saurait prévoir quand elles seront épuisées.

« De bonne foi, en face d'une pareille prodigalité, quiconque soutiendra que l'or et l'argent sont choses de la
plus haute importance pour nous, méritera-t-il d'être pris
au sérieux, même pendant une seconde? »

DU SEL (suite).

86. « Nous voici sur le bord de l'Océan, en face d'un marais salant, vaste bassin peu profond, où au jour des grandes marées, on a introduit l'eau de la mer; c'est la vasière. Ce premier réservoir déverse dans un second, le cobier, que tu vois partagé en plusieurs carrés longs, divisés eux-mêmes entre eux, par de petits sentiers unis, élevés de quelques centimètres.

« Des chaussées, hautes d'un mètre environ, entourent la saline; ce sont les bossis qui recouvrent les cœfs, ou conduits par lesquels la saline communique avec le cobier et la vasière. La saline elle-même a ses compartiments, ou fares, analogues à ceux du cobier.

« A la surface de l'eau surnage le menu, ou sel blanc. Les ouvriers sauniers, que tu vois clair-semés et nombreux pourtant, recueillent ce sel avec une cuillère mi-plate, nommée lance. Chacun garde pour soi cette récolte, elle représente le salaire; les paludiers, qui sont les maîtres, l'abandonnent aux sauniers. Au fond, sur une épaisseur de deux millimètres et demi au plus, se trouve le gros sel. On le ramasse à l'aide du las, un râteau de bois plein, et des femmes, courant nu-pieds sur les cloisons glissantes, vont le porter au moyen de gèdes, posées sur leur tête, aux trémets, où on les met en mulons. Donc, à proprement parler, l'écume d'abord recueillie, voilà ce qui constitue le sel blanc, puis, le dépôt dernier et plus important, voilà ce qui constitue le sel gris que l'on épure plus tard.

« A propos du sel blanc et du sel gris, celui-ci, disent quelques ignorants, sale moins que celui-là; erreur. Le sel blanc, pour quiconque sera attentif à vérifier le fait, ce qui ne présente aucune difficulté, donne aux mets une saveur plus fraîche et plus prononcée. Cela doit être, la chose se comprend d'elle-même, puisque le sel gris retient toujours en lui une menue quantité de matières terreuses, qui occupent la place d'une quantité égale de sel pur. »

DU SEL (suite).

87. « Dans les marais salants du Midi, on opère autrement; mais le travail revient néanmoins à ceci, qu'on fait toujours évaporer l'eau pour obtenir le dépôt du sel. C'est encore ce qui a lieu, quels que puissent être les détails, lorsque, réunissant les eaux des sources salées qui coulent sur le sol en beaucoup d'endroits, on les fait d'abord tomber de haut sur des masses de fagots d'épines, placées sous des hangards ouverts, pour les concentrer ensuite dans des chaudières peu profondes et très-larges.

« Il y a quelques années, on estimait la production du sel, en France seulement, à quatre millions deux cent quatre-vingt mille trois cent soixante-seize quintaux métriques, valant, en argent, sept millions huit cent quarante-trois mille quatre-vingt-dix-neuf francs. Or, le quintal métrique équivaut à cent kilogrammes.

« Plus de quinze mille ouvriers vivent de la récolte et de la préparation du sel. Dans les Gaules, la Germanie, la Cappadoce et dans beaucoup d'autres pays, au temps où Rome était toute-puissante, on mettait à profit les sources salées. En Cappadoce encore, à Agrigente, à Tragasée, à Oromène, on extrayait le sel gemme.

« Eh bien! garçon, ai-je ou non raison? Ma mauvaise humeur n'est-elle pas juste? Peut-on contester mon opinion? Non, non, précieux est le sel, précieux par-dessus tout. L'or ou l'argent, nul métal ne le vaut. Aimez-le, ne l'aimez pas, vous n'en consommerez pas moins une notable quantité, vous ne sauriez vous en passer tout à fait.

« Comme je veux que tu te souviennes, prends le contenu de cette salière et va le porter au grand taureau noir, qui a failli me tuer. J'ai soumis l'animal; c'est du sel qui a consommé la réconciliation entre nous. Tu le lui présenteras, dans la main bien ouverte, n'aie pas peur, aie peur si tu ne peux faire autrement; mais triomphe de ta peur et la vaincs. »

Ma pauvre tête d'enfant était tout abasourdie d'un pareil

ordre; mais, avec mon oncle Jean, il n'y avait pas à répliquer. J'allai donc porter le sel, et je riais, d'un rire mal assuré, tandis que l'animal léchait ma main en me regardant sans colère.

DES BILLETS ET DES ÉCHÉANCES.

88. M. Duhamel, un honnête et laborieux commerçant, s'était retiré des affaires, après quarante années d'un vaillant labeur. Il vivait modestement, dans une maison à lui, qu'il avait achetée, après avoir placé sûrement le reste de ses économies. Pour rien au monde M. Duhamel, pendant qu'il était encore à la tête de son établissement, n'aurait détourné la moindre somme de ses deniers, afin de se donner le luxe d'une propriété de ville ou de campagne, ainsi que tant d'orgueilleuses gens le font aujourd'hui.

Il pensait, le sage et intelligent marchand, que le crédit d'un homme repose beaucoup plus solidement sur l'argent libre et les valeurs en banque que sur certaines propriétés au soleil. Il pensait encore, que la continuelle et périlleuse incertitude qui s'attache à toutes les opérations, même aux mieux conçues, ne saurait être mieux combattue que par la capitalisation de tous les profits, mis au service d'opérations nouvelles, et il capitalisait ses profits. Grâce à cette prudente et très-sage conduite, il avait pris, parmi ses confrères, une position aussi honorable que possible. C'était là une grande et difficile victoire remportée sur son caractère, car M. Duhamel avait le feu, l'ardeur, l'entregent, la promptitude de conception qui marquent les hommes prédestinés aux grandes entreprises. Poussant même la réserve un peu loin peut-être, de sa vie il n'avait souscrit un billet. Il prétendait que celui qui engage plus qu'il n'a de ressources réalisées commet une action blâmable.

Le pour et le contre se peuvent plaider; mais continuons notre récit.

COMMERCE. 7

DES BILLETS ET DES ÉCHÉANCES (suite).

89. M. Duhamel était veuf, il n'avait plus d'enfants,
ses frères et ses sœurs étaient morts. Ils ne lui avaient
laissé, pour toute famille, qu'un intéressant petit bonhomme, que M. Duhamel avait fait élever avec le plus
grand soin et auquel il avait, sur toutes choses, inculqué
d'excellents principes. Marc Thomasset était fort reconnaissant. Il s'ingéniait à contenter son oncle, ce qui ne semblait pas chose en soi fort difficile, car, excepté sur la probité commerciale, M. Duhamel était d'ordinaire le plus ac-
commodant des oncles. Marc Thomasset, sous la protection et avec l'appui d'une tutelle aussi douce, n'eut donc
pas de peine à échapper aux travers des jeunes gens de
son âge.

Il ne prit ni les allures des petits-maîtres infatués de
leur personne, ni les airs profonds des politiques im-
berbes, ni le laisser-aller des sans-souci, des Roger-Bon-
temps qui, sous prétexte de verve gauloise, se moquent et
rient de tout.

A vingt-deux ans, c'est-à-dire à l'âge où les belles ardeurs sont le plus énergiques et soutenues, il fonda, à son
tour, une maison de commerce. Son patrimoine le mettait en position de marcher sûrement. Avec un talent ou
une chance ordinaire, il ne pouvait manquer de faire,
comme son oncle, en quelque quarante ans, une fortune
raisonnable.

Ces explications données, et nos portraits tracés, tous les
gens, un peu curieux, qui daigneront nous lire compren-
dront mieux la scène qui suit.

DES BILLETS ET DES ÉCHÉANCES (suite).

90. Un matin, M. Duhamel, enveloppé d'une robe de
chambre à ramages verts, coiffé d'un bonnet de velours
marron, bien enfoncé sur la tête, les pieds douillettement

enfouis dans une chancelière, garnie de peau de mouton,
établissait le compte de ses dépenses pendant le mois
écoulé. Pour cette délicate et solennelle opération il se tenait à son bureau encombré, ce jour-là, de factures acquit-
tées. Marc Thomasset entra doucement et non sans un certain trouble, un certain embarras, qui ne lui était point
ordinaire.

« Ah! c'est toi, garçon, lui dit le vieillard, sans quitter
son travail, attends un peu et me laisse achever.

— A votre aise, mon oncle, » répondit Marc.

M. Duhamel, ayant fini une dernière addition, posa la
plume avec précaution, après l'avoir essuyée avec soin et se
retourna vers Marc qui ne l'entendit pas.

« Eh! bien, garçon, d'où te viennent ces airs préoccu-
pés? commença le digne homme, tu m'apportes une figure
à inquiéter les bonnes gens comme moi. Quoi de nouveau? »

Marc répliqua, avec un calme plus apparent que réel :
« Rien qui soit bien grave, mon oncle. Si ma figure a l'air
inquiet qui vous surprend, c'est que je suis encore un peu
novice aux affaires et j'ai pour le moment quelques embarras.

— Toi, des embarras. Conte-moi cela; quels qu'ils soient,
ces embarras, je suis d'âge à te donner un bon conseil.

— Merci, mon oncle ; mais quelque insignifiants et quelque momentanés que soient mes embarras, il me faudrait,
aujourd'hui, tout autre chose que des conseils.

— De l'argent peut-être?...

— De l'argent, mon oncle, ou tout ce qui vous plaira,
avec quoi on en pourrait trouver.

— Marc, je ne te comprends pas du tout.

— Mon oncle, vous m'allez comprendre. C'est demain la
fin du mois, mes échéances sont lourdes, les rentrées mauvaises. Il me manque encore six mille francs pour payer
tous es billets qui me seront présentés.

— Tu souscris des billets! Ah! Marc, mon garçon, feu
la chère femme qui fut ma sœur et ta mère, feu monsieur
ton père, que je ne trouvais guère raisonnable pourtant,

s'y sont pris d'autre façon pour amasser les deux cent mille francs que je t'ai conservés.

— Mon oncle, je vous assure que....

— Tu m'assures que.... quoi? Les rentrées ne se font pas. De tous les accidents possibles, celui-là est le plus aisé à prévoir. Il y a un moyen sûr pour éloigner le danger des rentrées qui ne se font pas, c'est de modérer les sorties. Quand je me suis établi, moi, j'avais pour tout denier quarante mille francs environ; avec ces quarante mille francs, je n'ai jamais signé un billet. Tout absurde et toute ridicule que te paraisse ma méthode, c'est la bonne, la vraiment bonne. Il n'y en a pas de meilleure, monsieur, croyez-moi. »

DES BILLETS ET DES ÉCHÉANCES (suite).

91. Après cette énergique et peu encourageante apostrophe, M. Duhamel entreprit de ranger ses papiers; mais à la manière dont il les secouait il était facile de voir qu'il ne se tairait pas longtemps.

« Des billets! le maladroit. Des billets! le sot, murmurait-il entre ses dents.

— Mon oncle, se décida à reprendre Marc. Je ne dis pas que vous ayez tort; cependant.... votre méthode, suffisante il y a quelque cinquante ans, ne mènerait pas à grand' chose aujourd'hui.

— Ouais! Et où te mènera la tienne? Voyez-vous tous ces gens d'esprit, tous ces beaux calculateurs, tous ces casse-cou, qui vont se permettre de nous faire la leçon! Penses-tu que je sois ton ami? Oui, je le suis. Tu n'en doutes pas. Écoute donc : Quiconque, ne consultant que soi, prend la déplorable habitude de payer ses achats en papier fabriqué — propriâ manu — perd peu à peu la notion du temps et celle même de la valeur des espèces. Quand on calcule sur des espérances, il est si commode, si doux, si tentant, de se les exagérer. D'ailleurs, qui dit espérances dit éventualités. Les plus solides même peuvent être renversées, par une foule de circonstances sur lesquelles, quelque ferme et clairvoyante que soit notre volonté, nous n'avons nulle autorité.

« Les caprices, les besoins même, sont de tous les jours. L'argent qu'on amasse, en vue d'une obligation à terme, arrive par fractions. On se trouve, malgré soi, en dépit qu'on en ait, entraîné à compter sur la récolte du lendemain, pour boucher le trou fait aujourd'hui. Une, deux bonnes affaires se présentent : faisons-les, se dit-on. Il me reste un mois, six semaines.... tant me rentrera de ce côté, tant de cet autre.... Aucune perte n'est probable, tous mes débiteurs sont solides, chacun sera en mesure....

« Toute dangereuse que soit l'aventure, on la risque. On réussit souvent par malheur, ce qui pousse en avant, si bien que chaque fin de mois n'est bientôt plus qu'une grosse sortie et une grosse entrée de papier.

« Viennent les embarras. Ah ! alors, courons au plus pressé ; aucun sacrifice ne coûte, on fait appel aux renouvellements avec lourds intérêts, aux emprunts avec ruineuses commissions, aux escomptes qui dévorent, et au bout de l'an le mieux qui puisse être arrivé, si l'on n'est pas ruiné, c'est qu'on ait travaillé uniquement pour le profit des prêteurs.

« Que j'en ai connu d'honnêtes gens dont toute la vie n'a été qu'une lutte, qu'un combat continuel, pour aboutir, dans leur vieillesse, à une ruine misérable où, de proche en proche, les a conduits cette triste facilité à donner leur signature ! Certains, par une aberration malheureuse du sens moral, en sont venus sous mes yeux à se croire libérés, quand ils ont livré ce qu'ils nomment un règlement.

— D'accord, mon oncle, je consens que vous ayez raison ; mais pour cette fois, vous m'aiderez.

— Je n'ai pas d'argent.

— A quoi bon de l'argent ?.... avec votre signature j'en saurai trouver et.... »

DES BILLETS ET DES ÉCHÉANCES (suite).

92. Marc n'acheva pas. Le vieillard venait de bondir sur son fauteuil.

« Ma signature ! ma signature ! s'écriait-il. Ah ! Marc, quelle proposition, et à moi ! des billets de complaisance, c'est-à-dire un mensonge public ! Des billets de complaisance ! point de mots trompeurs ; de la fausse monnaie, voilà comment chacun qui se respecte doit appeler cela. Allons, beaux tripoteurs, à la besogne... A moi ces timbres, à toi ces autres, noircissons-les ensemble, puis troquons le tas. Bien, voilà de l'argent de fait, si nous trouvons des dupes. Vous en trouverez, un an, deux ans.... tant que vous serez bêtes de profit.... Après, on vous laissera mourir.... au besoin on vous y aidera.... vos preneurs de papier, vous-mêmes, vous vous y aiderez l'un l'autre.

— A dire vrai, mon oncle, ce n'est pas cette algarade que je venais chercher, parvint à répliquer Marc. Voilà ce que l'on peut appeler la vérité toute nue. Aveugles-nés ceux qui se refuseraient à y voir clair après les lumières dont vous brûlez les yeux de vos patients. Ah ! la leçon me profitera. Je ne sais trop comment je me sortirai d'affaire cette fois ; mais on ne m'y reprendra plus, je vous le jure.... Au revoir....

— Reste, reprit aussitôt M. Duhamel, très-radouci, reste, enfant terrible. Je n'ai pas d'argent.... Je ne te ferai pas de billets, pour les causes que tu sais maintenant ; mais prends ces titres et vends-les.

— Ah ! mon oncle ! s'écria alors Marc en embrassant le cher grondeur, mon oncle !

— Écoute, Marc, ton honneur est le mien, la famille dont tu sors est de celles qui laissent une belle réputation à conserver. J'entends que les gens de cœur doivent aider ceux qu'ils aiment comme je le fais pour toi et non autrement. Voici du papier qui n'est pas de complaisance. Il est bien à moi, je ne te le dois pas ; mais je puis te le donner et je te le donne.... Seulement, tu comprends..., quelque

bons parents que nous soyons, cela ne pourrait pas se ré-
péter souvent entre nous.

— Je vous rendrai, mon oncle.

— J'y compte bien un peu, mais je ne voudrais pas passer
à d'autres ta promesse ; si tu me rends, je m'en réjouirai pour
toi. Supposé que tu oublies de rembourser, je trouverai que
tu as tort, ce qui ne me poussera pas à te l'aller dire. Chacun a sa manière de concevoir et de donner ses leçons. Je les
crois plus profitables avant la faute qu'après, voilà pourquoi je ne t'ai pas ménagé mes duretés aujourd'hui. »

Comme on le voit, M. Duhamel avait l'air plus méchant
qu'il ne l'était réellement, et, pour être présentées avec des
formes qu'on peut trouver exagérées, rudes même, ses opinions sur les billets et les échéances n'en sont pas moins
de celles qu'il n'est pas prudent de repousser sans examen.
Quiconque aura le courage de s'y soumettre, sans conteste, à coup sûr s'en trouvera fort bien.

DES MARCHANDISES TIRÉES DU RÈGNE VÉGÉTAL.

93 *. Le règne végétal fournit au commerce un nombre
considérable de marchandises qui, sous des formes diverses,
viennent alimenter l'industrie.

Ami lecteur, comme on disait si volontiers dans les pré-
faces des livres d'autrefois, je crois qu'il serait intéressant
d'examiner, à ce point de vue, tous les produits du sol ; mais,
faute d'espace, je me contenterai de dire ce que je sais sur
quelques racines, sur quelques bois ; également sur les
écorces, les feuilles, les fruits et les semences communément employés.

Tu les pourras voir, d'ailleurs, accumulés sur nos ports,
si comme moi tu aimes à y chercher d'intelligentes distrac-
tions dans le spectacle de l'activité humaine.

Elle est vraiment merveilleuse, cette activité ! Elle n'attend pas que les besoins se produisent, elle les provoque, elle
les fait naître.

* CHAP. V. *Du verbe.*

Je la vois aujourd'hui s'emparer du pétrole qui coule à flots pressés des milliers de puits jaillissants creusés partout en Amérique. Je l'ai vue multiplier les emplois du caoutchouc. Si Dieu me prête vie, je verrai certainement bien d'autres conquêtes. Conquêtes pacifiques, conquêtes bénies, que les explorateurs poursuivent avec une infatigable ardeur et qui achèveront, avec l'aide des siècles, la civilisation du monde, plus sûrement que la guerre.

Comme il faut que je m'arrête à une marche logique, je commencerai par les racines, puis je passerai peut-être aux bois, puis aux feuilles, etc. On pourrait souhaiter que je m'en tinsse à l'ordre des usages : mais certains végétaux fournissant des produits, en même temps, à la médecine, à l'alimentation, à l'industrie, aux arts, je crois mon plan préférable à tout autre.

DE L'ALIZARI.

94 *. On nomme alizari la racine de la garance. Cette plante est le — Rubia tinctorium — des botanistes. Les Grecs et les Romains en connaissaient l'emploi. On la cultive dans le Levant, surtout aux environs d'Andrinople, de Smyrne et dans l'île de Chypre. L'alizari de Chypre est regardé comme le meilleur. Il paraît mériter sa réputation. On emploie peu les alizaris pour les opérations de la teinture. Il n'y a plus guère que ceux d'Avignon et d'Auvergne qui se trouvent sur les marchés de France.

Ce sont des poudres, dites alors garances, qui ont remplacé la racine. Ces poudres, suivant leur provenance, prennent les noms de garances de Hollande, garances d'Alsace, garances d'Avignon.

Les poudres, dont nous venons de parler, sont le produit des racines, séchées d'abord, puis que l'on moud et que l'on tamise ensuite, pour les livrer au commerce. La garance

---

* Du radical et de la terminaison.

qui porte la marque O ou MULLE, s'obtient de la mouture
des débris de racine.

La garance M. F., ou mi-fine, provient des racines menues ou radicelles. Les racines de choix donnent la garance
S. F. ou surfine.

Toutes les racines, fortes ou faibles, triturées ensemble,
servent à composer la garance F. F. ou fine fine.

La garance S. F. F. ou E. X. T. F., c'est-à-dire surfine,
fine, ou extra-fine, est fabriquée, particulièrement, avec le
cœur, ou la partie ligneuse de la plante.

En Avignon, certaines terres très-anciennement couvertes
de marais, sont éminemment propres à la culture de la garance. Ces terres ont gardé le nom de — palus — marais, et
l'ont donné aux garances qui y poussent.

Les garances arrivent d'Alsace en barriques de chêne de
600 kilogrammes et moins, du Midi, en fûts de bois blanc
de 900 kilogrammes environ.

Toutes les poudres de garance ont une odeur prononcée
et une saveur sucrée, avec arrière-goût amer.

DU CURCUMA. — DE L'ELLÉBORE.

95 *. Le curcuma, que l'on nomme aussi souchet ou safran
des Indes, est la racine que fournit une plante des Indes
orientales. Cette racine est grise ou jaunâtre, à l'extérieur;
à l'intérieur, elle apparaît d'un jaune orangé, foncé ou
rouge. Elle affecte tantôt la forme cylindrique et allongée,
tantôt, au contraire, on la trouve en tubercules ronds; de
là les dénominations commerciales de curcuma long et de
curcuma rond.

Le curcuma exhale une odeur forte et aromatique, analogue à celle du gingembre. Sa saveur est âcre, chaude et
aussi aromatique. Le principe colorant, qui abonde dans
cette racine, sert à obtenir des jaunes plus ou moins foncés,

* Division des verbes. Des voix.

malheureusement les nuances qu'elle donne passent facilement et résistent mal à l'action de l'air.

Le curcuma nous arrive du Bengale, de Java, de Batavia
et de Barbados. Le plus estimé est celui qui sort du Bengale. On le livre aux teinturiers, après qu'il a été réduit en
poudre fine. Remarquable par son odeur très-forte et sa
couleur orangée, il faut que cette poudre soit exempte de sable, on l'y reconnaît par lévigation.

Il nous vient, annuellement, près de dix millions de kilogrammes de curcuma. Ce sont les Indes anglaises qui nous
fournissent la plus grande quantité.

— Je dois mentionner ici l'ellébore, racines de plusieurs
plantes que l'on récolte dans les Alpes, les Pyrénées, les
lieux incultes et montagneux de l'Allemagne, de la Suisse,
de l'Auvergne.

L'ellébore est employé dans la médecine et l'art vétérinaire.
Les anciens lui attribuaient des vertus très-multipliées. Qui
de nous, dans les sottes histoires de sorciers, qui nous ont
été racontées quand nous étions enfants, n'a entendu parler
de l'ellébore ?

Il se trouve, dans le commerce, deux espèces d'ellébores
qui sont des racines de plantes appartenant à des espèces
différentes. Nous nous défendrons donc de confondre l'ellébore blanc — veratum album, avec l'helleborus niger et
l'helleborus viridis — qui constituent l'ellébore noir.

Ces deux marchandises nous sont expédiées en balles de
tous poids.

Nous nous contenterons, pour les reconnaître, d'avoir recours à la vue et non au goût.

DU GALANGA.

96 *. On a employé autrefois, beaucoup plus qu'aujour-
d'hui, pour les usages de la médecine, la racine du — ma-
ranta galanga— plante que nous ont fournie, de tous temps,

---

* Verbes auxiliaires.

l'Inde, la Chine et les îles de la Sonde. J'ai obtenu, sur ce produit, les renseignements suivants. Ne l'ayant jamais vu de mes yeux, je les donne ici tels que je les ai recueillis de la bouche d'un courtier de mes amis.

Le galanga a une odeur aromatique et forte, il a également une saveur âcre et très-piquante. On aurait quelque embarras à le reconnaître sur cette indication. Ses apparences extérieures auront le mérite de vous guider.

Nous sommes en présence de huit ou dix ballots, pesant 75 kilogrammes environ; d'autres qui sont déposés à côté, nous paraissent beaucoup plus petits, ils ont été réunis en une seule balle plus lourde que les premières et enveloppée d'une certaine toile, qu'il serait bon d'examiner.

Toile de l'Inde à n'en pas douter. Ce renseignement nous est acquis, passons à d'autres.

Morceaux, longs de trois à quatre centimètres, cylindriques, bruns-rougeâtres extérieurement, marqués d'anneaux ou de franges circulaires blanches. C'est le grand galanga, si l'intérieur, comme je le crois, est d'un fauve rougeâtre.

Vous le voyez, nos présomptions étaient fondées.

Il vous sera facile de distinguer le petit galanga : morceaux plus menus, couleur plus brune, odeur et saveur plus fortes.

Pour le faux galanga, car pour venir de loin, ce produit n'en est pas moins fraudé souvent, son écorce est plus pâle, il est presque insapide, plus gros que le petit et moins que le grand; mais en outre, quand il est pesé sous un volume égal, la différence parlera d'elle-même. Il est d'une extrême légèreté.

DE L'IPÉCACUANHA. — DE L'IRIS DE FLORENCE.

97 *. Je crois pouvoir l'affirmer et je n'hésite pas à le faire, l'ipécacuanha, que chacun au moins a entendu nommer, est inconnu de la plupart.

* *Observations générales sur la conjugaison des verbes.* Des modes.

Admettons que vous ne serez jamais malades, décidons que vous n'aurez jamais affaire à cette désagréable drogue, vous ne sauriez, cependant, vous montrer fâchés d'un peu de savoir médical.

Croyez qu'il est bon de connaître les choses d'un emploi fréquent et dont il se peut que nous ayons, tôt ou tard, à nous servir.

L'ipécacuanha est donc une racine comme les produits dont je vous ai déjà sommairement parlé. La plante qui nous la donne appartient à la famille des rubiacées. Elle croît dans les lieux ombragés et humides du Brésil. Mais l'ipécacuanha étant fort demandé et les pays de production n'ayant pas le sentiment très-élevé de la probité commerciale, je ne vous étonnerai pas en vous disant qu'on rencontre, sous ce nom d'ipécacuanha, une foule d'autres racines plus ou moins analogues.

Pour les reconnaître il faudrait que vous eussiez fait des études toutes spéciales; ne pouvant vous donner ces connaissances, il suffira que je vous dise sous quelles formes extérieures nous sont expédiés les colis d'ipécacuanha.

Cette denrée nous arrive en sacs ou en barils, pesant de quarante à cinquante kilogrammes. Il se peut que vous la rencontriez en caisses doublées de fer-blanc et pesant alors deux cent cinquante kilogrammes environ.

— La pharmacie et la parfumerie utilisent les racines de l'iris. Celles qu'on rencontre ordinairement dans le commerce proviennent de l'iris florentine, que l'on cultive aux environs de Florence.

Regardez une racine d'iris, vous la trouverez plus grosse que le pouce, irrégulière, noueuse, contournée, genouillée, aplatie, pesante, couverte d'une pellicule grise qu'on enlève quand la racine est fraîche. Rompez une de ces racines, la cassure sera nette et marquée de points jaunes-rougeâtres, qui semblent indiquer l'attache des radicules. Usons enfin de l'odorat et nous nous trouverons en présence d'un parfum très-doux, analogue à celui de la violette.

Il convient peut-être que j'arrête ici cette énumération des racines faisant l'objet de transactions assez importantes.

Je terminerai par un conseil : pour peu que vous soyez désireux de familiariser vos yeux avec toutes les racines du commerce, réunissez, dans votre droguier, des échantillons choisis de jalap, d'orcanette, de polygala, de colùmbo, de sassafras, de rathania, de squine, de vipérine, etc.

DES LIVRES DE COMMERCE.

98.* Je me souviens du temps où la science nécessaire à la tenue des livres était considérée comme une grosse affaire. J'entends encore les éloges qu'on faisait volontiers de ceux qui possédaient cette science très-précieuse et je ne puis m'empêcher d'applaudir aux progrès de l'instruction publique, grâce auxquels ce prestige tend à disparaître.

J'ai vu des hommes fort intelligents, très-embarrassés, pour contrôler la plus simple écriture. Je les ai entendus déplorer leur impuissance à se rendre compte de leur situation. Heureusement cet état de choses va s'amoindrissant et il finira bientôt tout à fait.

Avant peu, il ne se rencontrera plus un enfant, sorti de nos écoles, qui ne soit en mesure de remplir les obligations que la loi impose.

Est-ce à dire que les commis spéciaux se verront dépossédés de leurs moyens d'existence et que tout commerçant se fera son propre teneur de livres ? Non, il faudra toujours un teneur de livres, comme il faut un caissier, des voyageurs, etc. Il se formera, comme par le passé, des hommes d'une capacité hors ligne, aux rangs desquels les tribunaux pourront et sauront trouver les experts qui leur sont nécessaires.

* Des temps.

DES LIVRES DE COMMERCE (suite).

99. L'honnête homme aime les situations nettes, il recherche la lumière. Ne croyez pas le troubler par une enquête imprévue sur ses actes de négoce, il produit, il apporte, il met sous les yeux de tous, dans l'instant utile, les preuves nécessaires à établir son innocence ou son droit. Il lui est donc facile d'obéir aux prescriptions de la loi.

Quant au fripon et au négligent, s'ils s'abstiennent, l'un à dessein, l'autre par désordre, d'établir, chez eux, les livres exigés, ils s'en repentiront tôt ou tard. Si, en outre, quelque jour la fortune tourne contre eux, ils seront confondus sous le même blâme, tant il sera difficile de découvrir entre eux quelque différence.

Richardet n'avait rien qu'une langue merveilleusement habile. Il ouvrit un comptoir, il s'adressa au crédit, l'endoctrina, le séduisit, tant et si bien, qu'il se vit bientôt à la tête d'un capital raisonnable ; mais, alors, il se heurta contre un insuccès, sa barque devait chavirer et chavira, il parut ne rien sauver et sut cependant retenir en ses mains une partie de ce capital, amassé peu honnêtement.

Ce que des livres, régulièrement tenus, ne lui auraient pas permis de faire.

Bertin était riche relativement ; il s'installe, commence prudemment les affaires, puis, petit à petit, s'échauffe, s'expose, perd la tête, joue quitte ou double, se ruine et, en fin de compte, se voit qualifié aussi durement que Richardet, quoiqu'il n'ait pas détourné un centime.

La mauvaise opinion qu'on prend de lui s'explique par l'absence de livres régulièrement tenus.

DES LIVRES DE COMMERCE (suite).

100. Le législateur avait donc raison lorsqu'il prescrivit les livres de commerce. Il se préoccupait certainement de l'intérêt des tiers ; en vous recommandant de lui obéir, je me préoccupe, moi, de l'intérêt de votre honneur.

Il allait de soi, quand vous avez commencé les affaires qu'il vous arriverait quelques embarras. Il faut au moins que vous puissiez dire à l'occasion : « L'affaire s'est faite à telle époque, j'écrivis alors la mention que voilà, je passai, comme je le devais, écriture régulière, je copiai les lettres de moi à leur date, je classai celles de ma partie adverse et les voici, avec d'autres qui précèdent ou qui suivent. Ceux contre qui je me défends ou que j'attaque ont pris, sans doute, le même soin, ils ont apporté des preuves contradictoires ; qu'ils les produisent. A moins qu'ils ne prétendent que nous avons préparé tout cela hier ou ce matin, nous serons écoutés. Je les crus, jadis, de mes amis. Ah ! que le proverbe a raison, Point d'amis en affaires, et que j'ai bien fait de l'appliquer à ceux-ci…. Encore quelques preuves et j'ai conclu. — Voilà des extraits de notre livre de caisse, d'autres de notre copie des traites ou billets, d'autres de nos livres de frais généraux, d'échéance, d'entrée et de sortie des magasins, d'achats et de ventes, de profits et pertes…. »

Je lisais ce chapitre à un jeune écolier qui m'écoutait attentivement ; quand j'eus fini et qu'il se fut recueilli, il me dit : J'avais cru, quand vous avez commencé, que vous m'alliez mieux prouver la facilité de tenir les livres. Je vois bien l'utilité de le faire ; ce que je vois moins, c'est comment nous tous y pourrions parvenir ; car enfin voilà beaucoup de livres. Quand ils ont laissé à quelques privilégiés le soin de la comptabilité, nos pères n'avaient peut-être pas pris un aussi mauvais parti que vous le prétendez.

Dès que j'eus écouté l'observation, je compris qu'en effet je venais de commettre une faute contre la logique, j'avais heurté la raison de mon disciple et effrayé ses bonnes intentions.

Je repris donc : Nos pères eussent mal rempli leurs devoirs, si, l'occasion leur étant donnée, ils avaient refusé d'apprendre ce que vous regardez encore comme si difficile. La loi d'ailleurs n'en exige pas tant. Écoutez encore, je vous prie.

DES LIVRES DE COMMERCE (suite).

101. Tout commerçant, c'est-à-dire tout homme qui achètera ou qui vendra régulièrement des marchandises, sera obligé d'avoir des livres. On n'imposera donc pas cette obligation à celui qui ne fait que quelques actes de commerce, ni à l'artisan.

En cas de faillite, le commerçant qui n'aura pas tenu de livres pourra être déclaré banqueroutier simple et puni comme tel.

Les livres exigés de tout commerçant sont au nombre de trois : 1º le livre-journal, sur lequel il inscrira, jour par jour, ses dettes actives et passives, toutes les opérations de son commerce, ses négociations, acceptations ou endossements d'effets. Il y mentionnera tout ce qu'aura reçu, tout ce qu'aura déboursé sa caisse, à quelque titre que ce soit. En un mot, on devra pouvoir trouver, en tout temps, sur le livre-journal du commerçant tout ce qui, durant le cours de sa vie de marchand, aura pu augmenter ou diminuer soit l'actif, soit le passif. Il n'omettra ni les aliénations ni les acquisitions au comptant ou à crédit, ni les dots constituées, ni les successions, ni même les opérations qu'il ferait pour le compte d'un tiers.

S'il y donnait le détail des sommes employées à la dépense de sa maison, il outrepasserait ce qu'on attend de lui; ces sommes seront portées en bloc à la fin de chaque mois.

Si cela était possible, il transcrirait toutes les lettres qu'il reçoit, sur un registre particulier; il se contentera de les mettre en liasse, mais il transcrira sur un livre spécial, le copie de lettres, toutes celles qu'il aura expédiées. S'il omettait de le faire il s'exposerait à de graves inconvénients, la correspondance étant souvent invoquée, dans les procès entre commerçants.

Tous les ans il sera établi un inventaire des effets mobiliers, des meubles, de l'actif, du passif; mais un inventaire qu'on aurait dressé de la sorte ne vaudrait rien s'il n'était transcrit sur un livre portant le nom de : livre des inventaires.

Enfin, si nous conservions nos livres pendant toute la durée de notre gestion, nous pourrions nous en féliciter souvent. C'est un moyen de se constituer des archives, qui, consultées en certains cas, auraient certes de l'intérêt. En vous conseillant de prendre ce soin, nous aurions exagéré les intentions de la loi, qui a fixé à dix ans seulement le temps pendant lequel la reproduction des livres pourra être ordonnée par le juge.

Je souhaiterais vous dire que c'est tout, je désirerais ajouter qu'on n'a rien à vous demander de plus ; je ne l'ose encore. Lorsque nous aurions examiné ensemble l'importance des autres livres dont je vous ai parlé, ce que nous ferons tout à l'heure, vous ne manqueriez pas de m'objecter qu'ils ont chacun un intérêt particulier et méritent que nous nous y arrêtions.

DES LIVRES DE COMMERCE (suite).

102. Je trouve, en tête de la liste que je vous ai donnée, le livre-brouillard ou main courante et je commence par lui.

Quand j'étais écolier, j'aimais les cahiers soignés. Pour arriver à ce soin, je faisais des brouillons que je recopiais avec précaution, c'est ce que vous faites certainement vous-mêmes. Plus tard, je modifiai cette méthode et je m'imposai l'obligation d'écrire toujours très-lisiblement. J'ai retiré un grand profit de cette contrainte. D'abord, j'y ai gagné une économie de temps assez considérable, ensuite j'ai éprouvé une vive satisfaction à pouvoir me relire sans fatigue, si anciens que fussent mes écrits.

J'avais reçu le conseil de corriger par là ma nature un peu impatiente. Un vieux et sage maître, qui m'a laissé de doux souvenirs, me l'avait donné, ce conseil. J'avais pris, avec quelques camarades, la résolution de nous y soumettre et, quand nous eûmes essayé, nous reconnûmes, en maintes occasions, combien il était bon.

Mais le livre-journal devant être tenu sans blancs, ni ratures, dans la pratique du commerce vous adopterez le brouillard, la main courante, ou encore le mémorial, car il porte ces trois noms. Le livre-journal représentera exactement le brouillard, il n'en sera que la copie, ordonnée suivant certaines règles que l'on vous enseignera.

Quand vous aurez donné des ordres ici ou là, quand vous aurez surveillé des yeux ce qui se fait autour de vous de plusieurs côtés à la fois, vous reviendrez, sans vous inquiéter, sur ce livre où vous devez tout inscrire, où vous pourrez effacer, modifier, ajouter à votre guise. C'est au contraire l'esprit tranquille que vous porterez au journal les opérations de chaque jour.

Nous quitterions trop tôt ce sujet, si je ne vous disais ici que le journal, ainsi que les deux autres livres obligatoires, doivent être visés et paraphés, une fois par année, par un juge au tribunal de commerce, ou par le maire, à son défaut par un adjoint.

Vous ne comprendriez pas aisément ce que c'est que le grand-livre si j'entreprenais de vous en expliquer la disposition avec la brièveté que je dois m'imposer. Il me suffira donc de vous apprendre qu'il est la répétition du journal, dans un classement méthodique. J'aurais volontiers entrepris également de vous exposer l'utilité du livre de caisse et j'eusse aimé à le faire, si vous ne deviniez déjà vous-mêmes à quoi il peut servir.

Ayez une copie de lettres, la loi le veut ainsi, surtout n'omettez aucune d'elles et donnez à toutes un numéro d'ordre.

Nous arrêterons-nous au livre des frais généraux, à celui des échéances, veuillez m'en dispenser; j'ai trop bonne opinion de votre intelligence pour croire de plus longues explications nécessaires.

AUFFREDY.

103. Que l'on veuille un jour écrire le livre d'or des marchands célèbres et l'on se trouvera en présence de ren-

seignements tellement incomplets, que l'entreprise semblera vite impossible. En effet la renommée, pour s'occuper des hommes, exige qu'ils fassent des actions d'éclat ou qu'ils laissent, après eux, des travaux de nature à intéresser les générations à naître.

L'œuvre des négociants est plus simple, si importante qu'elle soit.

S'il fallait que nous prissions la peine d'interroger les chroniques locales, nous reconnaîtrions que, le plus souvent, elles sont tout à fait muettes ou pauvres de détails sur les illustrations du commerce.

Quelques réputations cependant sont arrivées jusqu'à nous. Je voudrais que vous les connussiez toutes et que vous les prissiez pour modèles, afin que vous régliez votre conduite sur les plus éclatantes. Mais il suffira que je vous aie indiqué ce côté spécial dans les nombreuses études que je vous ai conseillé de faire, pour que vous y apportiez l'attention qu'il mérite.

Le hasard de mes lectures m'a mis sous les yeux le nom d'un honnête homme dont je veux vous esquisser la vie. Il se pourra que vous en rencontriiez ayant tenu plus de place dans l'admiration de leurs contemporains, je doute que vous en ayez rencontré en devant tenir une plus haute dans leur estime.

S'il se pouvait que vous l'eussiez oublié déjà, je vous rappellerais ici que les premiers auteurs des grandes découvertes géographiques ont été de hardis navigateurs, de véritables négociants.

Vous comprendrez, sans peine, que nous eussions été réduits à ne rien savoir jamais des contrées lointaines, sans l'ardeur qui emportait ces résolus.

Je vous avouerai que j'eusse mieux aimé les voir guidés, vers les plages inconnues, par un tout autre amour que l'amour du gain, mais passons à mon héros.

AUFFREDY (suite).

104. Au commencement du treizième siècle, les Roche-
lois pouvaient compter parmi les plus riches commerçants
du monde. Déjà les marins de la Rochelle allaient trafi-
quer dans presque tous les ports de l'Adriatique et jusque
sur les rivages de la Nouvelle-Zélande.

Leurs navires, après avoir versé dans les magasins de
l'heureuse cité les trésors que portaient leurs flancs, re-
cevaient d'autres trésors, se hâtaient de partir, pour revenir
bientôt et repartir encore.

A la tête des armateurs, que l'on tenait, en ce temps-là,
en très-juste estime, pour avoir porté aussi haut la puissance de la Rochelle, figurait Auffredy. C'était un homme
simple et bon.

Il avait cependant des jaloux. Comment n'en aurait-il
pas eu ? tout lui réussissait. Calculant, avec soin, les chances
de succès, ne s'engageant dans aucune affaire trop légèrement étudiée, choisissant avec une rare sagacité les hommes
dont il voulait se servir et, les ayant trouvés, leur accordant
une confiance dont ils se sentaient fiers, il enchaînait, pour
ainsi dire, la fortune.

Qu'on ne croie pas qu'il manquât d'audace, mais ayant
tout bien considéré, bien pesé, calculé, mesuré d'avance,
c'était toujours avec un esprit préparé aux plus rudes re-
vers qu'il confiait ses flottilles au caprice de l'onde.

Une fois, cependant, dix bâtiments d'Auffredy, expédiés
depuis plus d'une année, étaient impatiemment attendus,
sans que rien annonçât leur retour.

En pareil cas la terreur va vite, poussée qu'elle est par la
malignité et l'envie ; le bruit de la perte des dix bâtiments
se répandit et le crédit d'Auffredy fut soudainement ébranlé.

Allons, se disait à part lui l'armateur, voilà une partie
qui me ruine et que j'aurai perdue, sans avoir heureusement de reproches à me faire. Je n'ai engagé que ce dont
je pouvais disposer. En réalisant vite ce qui me reste, tous

ceux à qui je dois seront payés. L'honneur est sauf. A l'œuvre, Auffredy, à l'œuvre.

Et Auffredy paya, mais il fut ruiné.

AUFFREDY (suite).

105 *. Que faire auprès d'un homme réduit à une pareille extrémité ? Ayons compassion de sa misère, soyons charitables, épargnons-lui le spectacle de notre aisance, se disaient, entre eux ou en secret, les anciens amis d'Auffredy ; et, par bonté, d'âme, ils s'écartèrent de son chemin.

Allez, allez, pensait tout bas, de son côté, le courageux marchand ; éloignez-vous de moi, misérables cœurs, je ne vous ferai pas l'honneur d'un regret.... Voyons, se dit-il un matin, sois digne de toi-même, fais bravement ce que tu dois et gagne, comme tant d'autres, le pain que tu n'as plus.

On le vit alors se mêler aux ouvriers, qu'il avait fait travailler jadis, et recevoir parmi eux son salaire quotidien de ceux-là mêmes qui briguaient naguère l'honneur de s'asseoir à sa table.

Il faut qu'on le répète, parce que cela est une vérité utile entre toutes, Auffredy donnait ainsi un exemple d'admirable résignation aux volontés du Seigneur.

Il est en effet bien plus difficile encore de descendre avec dignité que de monter avec modération.

Au reste, la récompense ne se fit pas attendre. Auffredy rencontra, tout d'abord, chez ses ouvriers d'hier et ses camarades d'aujourd'hui, une sympathie, une affection ingénieuse à adoucir les dures nécessités de la tâche. L'aide lui venait de tous côtés, avant même qu'il l'ait souhaitée. Ces hommes simples lui donnaient des jouissances de cœur qu'il eût en vain demandées à son opulence évanouie.

Un soir, comme il se hâtait de terminer une besogne qui eût accablé moins courageux que lui, il entendit, soudain, pousser des cris joyeux, et cent bras, tendus vers

---

* Des nombres et des personnes. Remarques sur le subjonctif.

l'horizon, lui signalaient, en rade, des navires à la marque de son ancienne maison.

Les dix bâtiments, qu'on avait crus perdus, rentraient en effet chargés de richesses. Auffredy eût été un ingrat, si, devant une faveur pareille, il n'avait pas commencé par rendre grâces au Seigneur. Aussi consacra-t-il une part considérable de cette fortune reconquise, à la fondation d'un magnifique hôpital.

DE NANTES.

106 *. Le nom de Nantes, que les savants disent dériver du celtique et signifier amas d'eau, indique la situation de cette ville importante. Elle est établie au confluent de plusieurs rivières, sur la Loire, à vingt-quatre kilomètres de l'endroit où ce fleuve va se jeter dans l'Océan. Centre d'un commerce très-actif, Nantes se fait remarquer par ses quais, ses ponts, ses îles verdoyantes, ses jolies promenades, ses grands chantiers de construction, ses rues bien percées, ses places régulières, ses magnifiques maisons et ses magasins. Elle a des forges, des filatures, des corderies, des tanneries, et l'on y voit fleurir une foule d'autres industries secondaires qui contribuent à l'enrichir. Les relations qu'elle a soin d'entretenir avec les colonies, ont fait, des denrées de cette provenance, le principal objet de son commerce. Elle n'est pas cependant sans recevoir encore toutes sortes d'autres marchandises, notamment les productions de la Provence, et, ainsi qu'on doit le prévoir, les vins de Bordeaux, les houilles anglaises, etc.

Nantes peut encore se prévaloir de sa participation considérable aux armements pour la grande pêche. Son importance tend quotidiennement à s'accroître, surtout par le développement merveilleux que ne cesse de prendre sa voisine, Saint-Nazaire.

Les deux villes, en effet, il faut s'y attendre, n'en for-

---

* *Verbes actifs*. Conjugaison de la voix active.

meront bientôt plus qu'une, par les communs intérêts qui
les lient déjà.

DE QUELQUES EXPRESSIONS PARTICULIÈRES A LA LANGUE DU COMMERCE. — DE L'AVAL.

107 *. Si, dans tout sujet, il faut savoir se borner, celui
que je touche ici demande, plus que tout autre, de la brièveté. Je me bornerai donc aux simples définitions. Aborder les détails sans de longues études préalables ce serait
m'exposer à vous donner des idées incomplètes. Je n'abor-
derais pas d'ailleurs ces détails sans une certaine appré-
hension, car ils touchent à un grand nombre de points du
droit commercial.

Je n'en veux pas moins essayer d'élargir le cercle de
vos connaissances premières. Si peu que je les élargirai
cela ne pourra manquer de vous servir.

Je sens moi-même, en écrivant pour vous, la nécessité
d'écarter bon nombre d'expressions qui ne vous sont pas
encore familières, et dont je me servirais pourtant volontiers, parce qu'elles auraient le mérite de rendre exactement ma pensée. J'y serai quelquefois entraîné, sans m'en
apercevoir ; mais, toutes les fois que je m'en apercevrai,
je tournerai s'il se peut la difficulté. Je serais très-fâché
de décevoir l'attention que vous m'accordez, et certainement
je la décevrais, si je négligeais pareilles précautions.

Je rendrai ici hommage à la vérité en vous affirmant que
la plupart des erreurs de jugement, ainsi que la difficulté
qu'ont certaines gens à comprendre certaines choses, n'ont,
le plus souvent, d'autre cause que l'ignorance du sens des
mots. Je comprendrais fort mal ma tâche si je ne tenais
pas compte de ce fait bien reconnu.

Le mot — aval — vient de faire valoir ; parce que celui qui
souscrit cet acte, dit, par cela même, j'entends garantir dès

---

* *Observations sur la conjugaison de la voix active.* Formation des
temps.

maintenant, et je garantirai, partout où besoin sera, à la créance du porteur, toute sa valeur. Elle devient, comme on s'exprimait autrefois, solvable et bien payable.

Par conséquent le donneur d'aval contracte, envers le créancier de la personne qu'il cautionne, les obligations que cette personne elle-même a contractées envers le créancier.

DES DROITS DE PILOTAGE, DE TONNAGE, D'AMARRAGE, DE BASSIN, DE LAMANAGE, DE TOUAGE, DE REMORQUE, DE BALISE.— DES BALISES. — DES DROITS DE FEUX, DE PHARES, DE FANAUX.

108. Les navires sont, comme les autres biens du débiteur, le gage commun de ses créanciers. Vous réalisez, à un titre quelconque, le prix qui en provient, réalisez-le, ainsi que le veut la loi, au profit de tous.

Il existe cependant des créances privilégiées, et, puisque nous les indiquons ici, indiquons-les dans l'ordre qui leur a été attribué.

— Si tu longes les côtes, nous disait jadis un vieux capitaine, longe les plus dangereuses sous la conduite d'un pilote côtier, pour cela tu devras une rétribution qui prend le nom de droit de pilotage.

— J'inscris, sous la désignation générale de droits de tonnage, un droit de navigation, imposé aux bâtiments de commerce, suivant leur capacité. Inscris, à la suite, le droit de cale ou d'amarrage, qui est payé pour arrêter un navire dans un port au moyen d'une amarre; puis, aie soin d'ajouter les droits de bassin et d'avant-bassin, droits perçus sur les navires qui entrent dans les bassins. Ajoute encore les droits de lamanage, salaire payé aux lamaneurs, rudes matelots, dont la mission est de guider les navires qui veulent entrer dans un port ou dans une rivière. Joins-y en outre le droit de touage et celui de remorque; mais sache distinguer le touage de la remorque. Le touage représente l'opération des haleurs, qui font avancer le navire sur l'eau, à l'aide d'un cordage. Représente-toi la remorque comme la même opération, faite par les mêmes hommes, en pleine mer et à l'aide de canots. Sois averti, cependant, qu'on a encore appliqué sur les fleuves le nom de touage au secours que prêtent, aux bâtiments transporteurs, certains bateaux à vapeur d'une construction toute spéciale et s'appuyant sur une forte chaîne, immergée à cet effet.

— J'arrive au droit de balise et aux balises elles-mêmes. Écoute :

Aie soin de regarder, à l'entrée des rivières et des ports, le long des côtes, sur les routes fréquentées par les navires, et tu apercevras des perches, plantées verticalement, surmontées d'un drapeau, d'un tonneau ou de tout autre corps visible de loin. Tiens, en voilà une ici, une là, une plus au large, sais-tu ce que c'est? Non. Eh bien! cela signale un écueil, un bas fond, un danger. Ces précieux appareils qu'il faut surveiller sans cesse, se nomment des balises et les préposés à leur conservation des baliseurs. Le salaire de ces hommes jouit donc d'un privilége qui se justifie par l'utilité grande de leurs fonctions.

— Mentionnons, pour terminer, les droits analogues de feux, de phares, de fanaux, qui se définissent d'eux-mêmes.

DU FRÉTEUR. — DU FRET OU NOLIS. — DE LA CHARTE-PARTIE. DE L'AFFRÉTEUR.

109. Un matin que j'accompagnais le même capitaine, dans sa promenade accoutumée, le long des quais : Tu vois, me dit-il, ce joli chasse-marée, c'est l'*Hirondelle*, le navire sur lequel j'ai fait mon dernier voyage. Ni ma vieille et bonne mère, ni ma chère et digne femme, ne voulaient permettre que je m'embarquasse, et cependant je m'embarquai. Pourquoi? Ah! c'est que, nous autres marins, quand nous sommes pris d'amour pour un bâtiment, cela devient une vraie passion. Il fallait que je me décidasse promptement, beaucoup de vieux loups de mer lorgnaient déjà l'*Hi-*

rondelle. Je la louai donc pour le compte de la maison Lorge-
ret de Marseille prête à me fournir un chargement. J'offris
au fréteur un nolis raisonnable, ce qui veut dire, dans la
Méditerranée, un prix de location, comme son synonyme
fret dans l'Océan. Il était grand temps que je l'offrisse :
le soir même du jour où je signai la charte-partie, dix
affréteurs se présentaient. Je pris mes dispositions pour un
prochain départ. Si prudemment que je les prisse, il m'é-
tait difficile de les tenir secrètes. Je fus bientôt, chez moi,
l'auditeur forcé d'un concert de doux reproches. Il convenait
à ma dignité que je les reçusse froidement, si chers qu'ils
fussent à mon cœur. Je faillis pourtant y succomber, car
sans que je m'en aperçusse, quatre années de repos avaient
déjà rouillé ma vieille énergie. Le sentiment, je peux dire
la honte de cette faiblesse, ranima mon courage. Je ras-
surai de mon mieux ma mère et ma femme. Quinze jours
après, je reçus leurs adieux et je mis à la voile....

  J'ai prononcé le mot de charte-partie, en voici l'explication. Nous appelons ainsi l'acte qui constate le contrat de
louage d'un navire. Ce terme vient de deux mots latins
charta partita — parce que ces sortes d'actes s'écrivaient,
autrefois, sur un morceau de papier que l'on coupait en
deux parties, de haut en bas, et dont on donnait une moitié à chaque contractant.

DES COMMISSIONNAIRES. — DES COMMETTANTS. — DES MAN-
DATAIRES. — DES MANDANTS. — DU DUCROIRE.

  110. En commissionnant des tiers, qui font profession
d'exécuter les ordres qu'on leur expédie, nous les commis-
sionnons simplement pour les objets désignés par nous ;
mais sans qu'il puisse d'ailleurs en résulter un engagement
qui nous devienne jamais personnel. Traitant librement,
ils traitent en leur propre nom et nous restons, vis-à-vis
d'eux, comme vis-à-vis des tiers, ce que la langue du commerce appelle des commettants.

  Au contraire, si vous chargez quelqu'un de vous représenter, pour telle affaire que ce soit, achat ou vente, vous donnez mandat, et en le donnant, c'est vous qui vous engagez, par la personne préposée aux soins de vos intérêts.

C'est là une distinction assez délicate, sur laquelle nous croyons bon d'appeler votre attention ; le croyant, vous trouverez à propos que nous reprenions notre définition.

Nous, commettants, nous fournissons à nos commissionnaires les renseignements dont ils peuvent avoir besoin, pour exécuter nos ordres. S'il s'agit d'achats, en fournissant, les vendeurs savent qu'ils n'ont point affaire à nous ; mais aux seuls commissionnaires.

Vous, mandants, vous prescrivez à une personne, qui agira alors en votre nom et à titre de mandataire, de faire tel ou tel acte qui vous intéresse. En prescrivant, vous vous obligez d'avance à subir toutes les conséquences. Donc, point de confusion possible : les commissionnaires nous rendent, à nous commettants, un service payé et, en nous le rendant, ils ne lient qu'eux-mêmes. Les mandataires reçoivent nos ordres, en les recevant, ils acceptent de les accomplir, et, quand ils les ont accomplis, c'est nous, mandants, qu'ils ont liés.

Je finissais ces indications générales et j'allais aborder un autre sujet, quand un mot tout spécial, assez bizarre, m'est revenu à la mémoire, c'est le mot — ducroire.

Le commissionnaire allant pour moi au-devant des affaires, les cherchant et les finissant à mon gré, a droit à un salaire qu'on nomme droit de commission. Je voulais vendre ceci, acheter cela ; mais, voulant en même temps tenir secrets les motifs de mes opérations, j'ai fait agir un tiers qui sera payé, selon l'usage de la place, ou selon des conventions arrêtées au préalable entre nous.

Dans le cas de vente, je n'ai pu choisir mes acquéreurs ni m'assurer de leur position, je ne les connaissais d'aucune façon et, ne les connaissant pas, j'ai voulu être sauvegardé par mon commissionnaire. J'aurai à payer alors un second droit de commission, ce droit particulier s'appelle ducroire, de — credere — avoir confiance. Il a tout le caractère d'une prime, accordée au commissionnaire qui devient mon assureur et me garantit contre l'insolvabilité du débiteur.

DES DOCKS. — DES WARANTS.

111. Il faut que j'avoue, ici, une petite faiblesse de mon caractère. J'ai horreur des mots étrangers. Pour que j'obéisse à la mode et me décide à faire usage de l'un de ces vocables nouveau-venus, il est nécessaire de me prouver d'abord qu'il répond à une idée nouvelle pour laquelle nous n'avons pas de signe précis. Autrement, je résiste, et tout en avouant que cela ne change rien au cours des choses, je proteste. Que j'entende, par hasard, sonner à mon oreille le mot — square — quand nous avions jardin, que j'aperçoive à la porte d'un marchand le mot — carpet — quand nous possédions tapis, que je lise, quelque part le mot — turf — quand nous avions gazon : me voilà de mauvaise humeur.

Et, vraiment, en obéissant à ce sentiment de répulsion, je n'exagère rien. N'avez-vous pas souvent souri, en entendant un joli petit monsieur, cavalier d'aventure, parler de son — stick. — Eh ! mon ami, dis donc bâton, si c'est un bâton, et non une cravache, que tu portes.

Je conviens cependant de l'utilité grande qu'il peut y avoir à adopter certains mots, quand nous avons adopté les choses. J'accepte, par exemple, l'expression dock, aucune des nôtres ne pouvant rendre l'ensemble des constructions qui constituent un pareil établissement. En effet, ni bassin de débarquement, ni magasin, ni entrepôt, ne peuvent s'appliquer ici. En apercevant qu'un dock est, tout à la fois, ces trois choses, ou mieux contient ces trois choses, on adoptera franchement l'expression.

Nous aurons pris une juste idée de ces utiles établissements, quand nous aurons imaginé de vastes bassins, à niveau constant, bassins qu'on a bordés d'un quai de débarquement recouvert de hangards, dont la superficie a été calculée égale à celle des magasins qui y touchent, le tout étant fourni de puissantes machines de transport.

Ce qui complète l'utilité des docks, c'est que les marchandises restent sous la garde ⎸de la compagnie propriétaire.

Le négociant a reçu, en échange de son dépôt, un récépissé ou warant, qui, en circulant de main en main, fait circuler la propriété même de la marchandise. Ainsi, l'échange s'en multiplie sans déplacement et sans frais.

C'est aux Anglais que nous devons les docks. Il est à souhaiter que ces précieux établissements se multiplient chez nous.

DE LA LIBERTÉ DU COMMERCE.

112. * Jusqu'à une époque, qui n'est pas encore très-éloignée de nous, on a admis, en France, la nécessité de certaines mesures, destinées, disait-on, à protéger le commerce national. Par réciprocité, les peuples voisins prenaient des mesures analogues.

Depuis, une opinion que je regarde comme préférable, a prévalu, une ère nouvelle s'ouvre pour le commerce.

Je conviens que beaucoup de gens expérimentés n'ont pas vu, sans effroi, le renversement des vieilles coutumes. Pour moi, je m'inquiète, il est vrai, assez médiocrement des résistances qui s'appuient sur l'habitude, sur l'usage, et je souffre à les voir défendre, pied à pied, le terrain contre tout progrès qui tente de s'accomplir.

Quelle que soit la modération, avec laquelle ce progrès se présente, quelque soin qu'on ait de ménager les intérêts, de préparer les transitions, l'usage répond, pendant de longues années, par des fins de non-recevoir et les meilleures choses se trouvent ainsi écartées.

Je ne veux pas prétendre, pour cela, qu'il faille ne tenir aucun compte de ces résistances. J'accorde qu'on doit s'en préoccuper, je crois qu'elles peuvent empêcher des imprudences.

Je peux, dit une nouveauté, doubler vos richesses, je

* Observations sur l'orthographe générale des verbes.

tiens à votre disposition des forces négligées jusqu'ici,
j'apporte la lumière en des questions où tout est encore
ombre et confusion. Laissez-moi passer. Non, réplique la
coutume, tu es la folie, tu te nommes l'inconnu. Ce que tu
veux, nous ne saurions le vouloir, ce que tu peux, nous
nous défendons de le chercher, ce que tu vaux, il nous coû-
terait trop cher pour l'apprendre. Tu trouveras contre toi
tous les esprits sensés, si on t'ouvrait le chemin tu trouble-
rais le monde, tu renverserais et les fortunes et les espérances. Trouve bon que l'on ferme l'oreille à tes séduisantes
promesses, tes projets n'entraîneront personne, abandonne-
les, renonces-y.

Et puis, peu à peu, le calme se fait, on réfléchit, l'intérêt
s'éclaire, on écoute mieux, on discute, on entend les raisons, on admet quelques points, on consent qu'il convien-
drait peut-être d'examiner. Pendant ce temps, la nouveauté
ne néglige aucune occasion de faire parler d'elle. Si elle est
la vérité, à un jour que personne n'a prévu, elle réapparaît
plus forte, mieux armée, sûre de vaincre et elle vainc. Si elle
est l'erreur, son triomphe est de courte durée.

DE LA LIBERTÉ DU COMMERCE (suite).

113. Nous assistons à une épreuve de ce genre. Des deux
principes, la liberté et la protection, lequel triomphera?

Quoique nous fassions des vœux pour la liberté, nous dirons aux impatients : Attendez encore pour conclure, per-
mettez que l'expérience se continue. Elle commence à
peine et vous perdriez à ne pas la laisser s'accomplir.

Adversaires ou partisans de ce système en faveur, vous
êtes gens de valeur, vous faites état des questions franchement posées, vous reconnaîtrez donc que nous avons grandement raison de nous préoccuper, moins de ce que vous
dites que de ce qui se passe autour de nous. Rappelez-vous
que, très-jeunes encore, vous vîtes apparaître les premières
machines, vous entendîtes alors mille et mille prédictions
sinistres, vous lûtes des désolations, des imprécations, même

des menaces, vous pûtes constater un effroi douloureux, chez le plus grand nombre de ceux dont les fils vivent aujourd'hui des machines et par les machines, effroi que vous partageâtes peut-être.

Qu'est-il arrivé de tous ces bruits ? Ils ont fini comme finiront sans doute ceux du temps présent. Ceux-là s'apaisent déjà, ils se calment. Nous avons l'espoir qu'ils s'évanouiront bientôt tout à fait, car les hommes qui sont les plus intéressés à les soutenir, ou qui croient l'être, ne le font déjà plus avec l'ardeur du premier moment.

Il serait, certes, à souhaiter qu'on pût s'entendre, sans longs débats, qu'on ne commençât point par des affirmations contraires et qu'on se mît, de bonne foi, à favoriser aussi bien qu'à étudier l'expérience proposée.

Est-ce donc que cette idée de liberté commerciale soit vraiment née d'hier?

Non. Nous avons là, sous les yeux, un livre qui porte la date de 1754.

On y lit : « La plus grande des maximes, et la plus connue, c'est que le commerce ne demande que la liberté et la protection. Si la liberté a quelque restriction dans le blé, elle doit être, dans toute son étendue, pour toutes les autres denrées et marchandises. Leur disette ou leur abondance, leur cherté ou leur bon marché ne sauraient être que momentanés et de peu de conséquence....

« Dans l'alternative, entre la liberté et la protection, il serait moins nuisible d'ôter la protection que la liberté, car, avec la liberté, la seule force du commerce peut tenir lieu de protection. »

DE LA LIBERTÉ DU COMMERCE (suite).

114. Nous ne dirions pas beaucoup mieux aujourd'hui, car s'il demanderait volontiers, pour le blé, « quelques restrictions à la liberté », notre auteur la souhaiterait entière pour toutes les autres marchandises.

Nous reconnaîtrons donc que voilà un très-respectable certificat de maturité pour le système de la liberté.

Vous lirez avec intérêt un deuxième fragment. Je le transcrirai ici sans y rien modifier.

De Milon, qui fut, comme il le dit, secrétaire de Monseigneur le duc d'Orléans, régent de France, a écrit ce qui suit :

« L'exportation est le transport des marchandises à l'étranger. L'importation est le transport des marchandises étrangères dans le royaume. Ces deux termes sont nécessaires pour nous éviter de fréquentes périphrases.

« Selon la liberté générale du commerce, tout transport réciproque devrait être permis ; mais les nations y ont mis entre elles des restrictions presque toujours par des intérêts passagers ou mal entendus. Peut-être qu'en permettant tout indistinctement, ce qu'une nation perdrait d'un côté, elle le gagnerait de l'autre, du moins il y aurait un avantage général ; c'est la destruction des fraudes qui occupent pernicieusement tant d'hommes pour et contre. »

Vous n'accueilleriez pas sans réserves l'opinion d'un écrivain moderne que sa participation aux querelles soulevées rendra toujours suspect, mais celles d'un homme comme de Milon, qui a vécu loin de nous, vous paraîtra sans doute mériter une confiance plus grande.

Les souhaits du secrétaire de Monseigneur le régent sont bien près de se réaliser.

Le digne homme se sentirait émerveillé du chemin qu'ont fait ses propositions si timidement formulées. Très-probablement, sûr de paraître beaucoup moins osé, beaucoup moins utopiste, il en effacerait les peut-être qu'il avait cru nécessaire d'y introduire.

Mais sa joie doublerait quand il apprendrait l'heureux travail déjà commencé pour l'unification des monnaies de tous les peuples du monde. Travail d'unification qui assurera, qui assure dès maintenant les bénéfices de la révolution pacifique à laquelle nous assistons. Révolution presque accomplie sous le nom de libre échange.

DES BOIS. — DE L'ACACIA. — DE L'ACAJOU.

115*. Les bois fournissent à l'industrie humaine des ressources précieuses, nous ne nous avançons pas trop en les plaçant au premier rang. En effet, jugeons, par la pensée, de ce que deviendrait un peuple à qui manqueraient les bois?

Nous rangeons les espèces par ordre alphabétique ; ainsi, nous nous ménageons le moyen de dire assez et de rester long ou bref à volonté tout en nous efforçant d'être clair. Commençons.

J'ai là, sur ma table, une gracieuse boîte d'un jaune verdâtre, que de belles veines relèvent, que le poli avive. Elle est faite d'un beau bois d'acacia ou de faux acacia, comme on l'appelle vulgairement, et avec raison, puisqu'il n'a de commun avec l'acacia vrai que ses feuilles ailées et ses fruits en gousses. C'est le — robinia pseudo-acacia — de Linné. Les tabletiers, les menuisiers, les tourneurs en font un fréquent usage.

— Le bois le plus généralement employé peut-être, pour la confection des meubles, c'est l'acajou. Cet arbre, de la famille des méliacées, croît en forêt, principalement en Amérique, où il s'élève à une très-grande hauteur et projette des branches magnifiques, portées sur des troncs énormes.

Le bois d'acajou est compacte, ferme, susceptible d'un beau poli. Sa couleur rougeâtre, un peu claire quand il est récemment scié ou raboté, achève de brunir au contact de l'air, ce qui complète ses mérites.

Outre ces caractères, le bois d'acajou en possède plusieurs autres pour lesquels on le considère comme plus ou moins important.

En raison de ces nouveaux caractères, l'acajou est dit veiné, uni, moiré, chenillé, moucheté, ronceux, etc. Nous ne compléterions pas les renseignements qui vous sont nécessaires, si nous abrégions trop notre travail. Quand même

---

* Orthographe des verbes de la première conjugaison.

cela nous mènerait un peu loin, il nous semble important d'entreprendre l'examen des différentes espèces.

DE L'ACAJOU (suite).

116. Le bois uni est d'une couleur égale partout.

Le bois veiné a des nuances longitudinales claires et obscures qui se répètent alternativement; elles sont continuées, interrompues, reprises, etc.

Le bois moiré se reconnaît à des ondes transversales, qui diffèrent peu des ondes analogues sur les étoffes moirées. La dureté plus ou moins grande du bois tempère l'intensité de la moire, elle se modèle faiblement dans les bois tendres et particulièrement dans l'acajou qui nous vient de Honduras.

Le bois chenillé se distingue par des lignes blanchâtres que relèvent des lignes d'ombre environnant des plaques de nuance vermeille. Ces plaques se jettent çà et là, s'agrégeant, se croisant, s'interrompant, dans une direction, ici longitudinale, ailleurs diagonale.

Le bois moucheté révèle des petits nœuds ovales, moitié clairs, moitié obscurs, qui s'y renouvellent en abondance de place en place. Les bois que ces nœuds mouchettent, sont, comme les bois moirés, naturellement fermes.

Le bois ronceux se compose, pour la couleur, d'un mélange de clair et d'obscur qui procède pour la forme de ce qu'on nomme des festons. Ces festons, qui excèdent en longueur tous les dessins des autres bois, commencent à l'une des extrémités de la pièce et vont se prolongeant quelquefois jusqu'à l'autre. Presque toujours ils s'allégent, diminuent de largeur et se terminent en pointe. Ils n'occupent jamais qu'une partie du milieu de la pièce et sont accompagnés ou de bois uni ou de veines qui se dirigent, en rayons plus ou moins obliques, vers les faces latérales.

DE L'ACAJOU (suite). — DU CAILCEDRA. — DU CEDREL.

117. Pour les billes, vous achèteriez fort mal si vous vous en teniez à ce que vous révélera l'aspect extérieur. L'œil le plus exercé ne réussit que bien rarement à découvrir sur les surfaces décolorées de ces blocs raboteux, quels seront les caractères au débit, et nous procéderions vainement à une plus longue énumération.

Le bois d'acajou que l'on consomme en Europe, provient de Haïti, de Honduras et de Cuba. En France, on reçoit surtout l'acajou d'Haïti; cette espèce est de couleur vive, ses fibres sont serrées.

L'acajou de Cuba est plus lourd que celui d'Haïti. L'acajou de Honduras diffère essentiellement des deux espèces précédentes. Ses fibres sont grosses et moins adhérentes. Sa couleur plus pâle tire quelquefois sur le jaune. Il ne brunit pas avec le temps. L'Angleterre en fait une grande consommation.

— Le cailcedra est un bois analogue à l'acajou, il nous vient du Sénégal. En billes, on le reconnaît facilement à l'épaisseur de l'aubier qui le protège.

— Enfin, nous signalerons une dernière sorte de bois voisine de l'acajou, c'est le cedrel odorant, que décèle aisément son poids. Ce bois, qui par sa couleur se rapproche de l'acajou de Honduras, est très-noir, très-poreux, par conséquent très-léger. Il exhale une odeur aromatique et possède une saveur amère. Quelques personnes l'appellent acajou femelle.

DE L'ALIZIER. — DE L'ALOÈS.

118. Si les longues courses à pied ne vous effrayent pas, soit que votre ardeur s'emploie à poursuivre un innocent gibier, soit qu'elle s'essaye à la patience par la recherche des merveilles végétales, vous rencontrerez dans les bois de la Haute-Marne, dans ceux du Jura, et aussi dans toutes les basses Alpes françaises, un arbre de la famille des rosacées, que l'on nomme — alanche — dans quelques parties de la France et — alizier blanc — dans les autres.

L'alizier est dur, cependant il ploie facilement. Ses fibres sont longues et tenaces. Sa couleur, assez pâle, appuie vers les teintes rosées de la chair. Le cœur, particulièrement dur, est d'un brun noirâtre.

Dans toutes les applications qui demandent un bois fin serré, il paye convenablement la peine qu'on prend de le récolter et mérite qu'on le charroie vers les marchés soit en tiges, soit en planches, soit en solives. La teinture permet de lui donner toutes sortes de nuances qui l'égayent et le rendent particulièrement propre aux ouvrages de tabletterie.

— Pour peu que vous employiez certains produits de la parfumerie, vous connaissez l'aloès. On comprend sous ce nom divers bois odorants qui croissent en Asie. Il convient peut-être que nous guerroyions, en passant, contre l'usage de prendre à tout propos la gomme de l'aloès comme un remède précieux contre une multitude de maux. Il faut que vous rayiez de vos recettes innocentes ce médicament. Que vous riiez ou non de notre prêche, que vous nous défiiez d'apporter des faits probants contre votre drogue préférée, que nous justifiions bien ou mal notre dire, sans nous arrêter à votre opinion, nous insisterons pour que vous remettiez aux hommes de l'art le soin de prescrire l'emploi de l'aloès.

Cette résine, d'un rouge vitreux, provient de quelques excavations qu'on rencontre dans le bois dit d'aloès, bois qui est dur, compacte, d'une couleur plus ou moins brune, d'une odeur douce et agréable lorsqu'on le brise. Sa contexture paraît formée d'une multitude de tubes capillaires.

DU BOIS D'AMARANTHE. — DE L'AUNE.

119. Il est juste que nous restituions à sa véritable patrie un bois peu connu en France et que l'on y nomme amaranthe. Originaire d'Amérique, il nous est apporté de Cayenne. C'est probablement — l'Irésine celasia — de Linné.

Nous en avons rencontré deux espèces, et nous continuions à les confondre, jusqu'à ce qu'on nous eût fait remarquer les notables différences qu'elles ont entre elles.

La première espèce, l'amaranthe dur, est un bois très-fin, très-serré, quelquefois en fibres longitudinales, mais souvent en fibres entrelacées.

Dans ce dernier état, si adroitement que vous distribuiez vos attaques, si habilement que vous vous y preniez, vous le trouverez difficile à casser et à fendre.

Il sert à la marqueterie, à l'ébénisterie et aux ouvrages de tour. Travaillé, il est d'un beau brun rougeâtre moiré. Nous lui attribuions à tort comme une qualité naturelle cette chaude couleur, il ne la doit qu'au poli. Avant toute préparation, il est d'un rouge vineux très-prononcé, ou violacé.

L'amaranthe tendre, qui parait être une variété de l'arbre auquel on doit le précédent, est lourd, serré, à grain fin. Il est composé d'un aubier jaune pâle, veiné de noir, et présente à l'intérieur des fibres longitudinales faciles à séparer.

C'est assez de ces caractères généraux, pour que vous vous habituiez à distinguer aisément les deux espèces. Elles nous viennent à nu, en poutres, en madriers, en planches de deux à quatre mètres, et quelquefois en bûches, au moins l'amaranthe tendre.

— Les bois étrangers suppléent à ce qui manque aux nôtres pour l'ornementation. Ce n'est pas à dire que ces derniers ne nous présentent aucune ressource. Les ouvrages délicats et charmants que l'on crée avec quelques-uns ne laissent pas d'être assez nombreux. En voici un, le bois d'aune, de la famille des salicinées, qui est blanc, léger, tendre; il croît par toute l'Europe, dans les terrains frais et humides. Quand on le considère légèrement, on arguë, sans apparence d'erreur, que ce bois est à peine bon à brûler. Cependant l'aune commun, — Betula alnus, — est facile à teindre, il se conserve longtemps dans l'eau ou dans la glaise humide.

Son écorce s'emploie en teinture. Ses loupes sont fort agréées par les ouvriers qui fabriquent de petits meubles.

DU CRÉDIT.

120.*. Lors de la discussion, au Corps législatif français, sur l'abolition de la contrainte par corps, il y a eu un véritable tournoi d'éloquence. Si les adversaires de la loi ont vu leurs efforts déçus, ils ont au moins le mérite d'avoir énergiquement soutenu leur opinion.

Le projet à peu près tel qu'il avait été conçu, a reçu la sanction d'un vote. Le gouvernement mû par un sage respect des convictions de chacun a laissé le champ libre à ses contradicteurs.

Si discutée qu'on la conçoive, une loi, qui sort victorieusement d'une aussi longue épreuve, se trouve, par cela même, revêtue d'un caractère qui en rend l'application plus facile.

Comme tous les hommes que les questions commerciales intéressent, ému toujours sinon convaincu, nous avons dû lire attentivement chacun des discours prononcés.

Très-bien, a dit un orateur éminent, mais ce que j'aperçois au fond des opinions que je combats, ce qu'il y a de sérieux c'est ceci : oui, même pour le petit commerçant nomade, il y a un moyen de crédit.

Il ira de localité en localité portant son honneur et sa probité, il aura du crédit. Mais s'il va se promenant ainsi sans avoir dans son bagage un capital qui seul atteint au crédit commercial, je dis qu'il n'y aura pas un commerçant sensé qui consentira à lui faire un crédit quelconque. Ou bien, et cela, à mon avis, résout la question, si ce commerçant se rencontre, qui ne craint pas de lui faire un crédit quelconque, ce sera à de telles conditions que l'homme qui l'acceptera le fera aux risques et périls de sa fortune....

Voilà l'échelle du crédit, l'honneur, la probité en première ligne, la fortune en seconde ligne. Voilà ce que j'ad-

---

* Orthographe des verbes de la troisième conjugaison. Orthographe des verbes de la quatrième conjugaison.

mets, ce que chacun comprend; mais le corps du débiteur,
non, non.

DU CRÉDIT (suite).

121. Le même orateur a ajouté : D'abord, l'honneur, la
probité, garanties morales, puis cependant aussi les garanties matérielles, voilà les bases sérieuses des traités,
voilà par quoi on appelle, par quoi on sollicite, par quoi
on contraint le crédit. Qu'ensuite arrive, comme encas, l'emprisonnement ou la faculté d'emprisonnement, c'est là le
dernier terme.

Encore une fois, on ne prête rien à cela, ou l'on prête à
des conditions usuraires. C'est-à-dire, qu'en même temps
qu'on oblige le débiteur, et, ce débiteur, je le plains, on pose
pour lui des conditions certaines de ruine inévitable. On
l'y enferme, on l'y étreint.

Sur la même question, un autre a dit encore :

Quant à la prétendue facilité des grandes et promptes
affaires, réclamée par le commerce, je ne crains pas de
protester contre cette prétention.

On se complaît à nous parler de la splendeur du commerce. Savez-vous ce qui peut donner de la splendeur au
commerce? C'est la probité inexorable, la probité sans cesse
éveillée, scrupuleuse jusqu'à l'excès. Je ne veux pas qu'un
négociant fasse, sous le nom d'un autre, ce qu'il ne croit
pas pouvoir, ce qu'il rougirait de faire, sous son propre
nom. Je pense qu'il y a dans les affaires une solidarité d'honneur entre le chef et les hommes qu'il emploie et que, s'il
paraît bon de se décider promptement, quand il ne s'agit
que d'intérêts, il faut ne se décider qu'à bon escient quand
il s'agit des personnes.

DU CRÉDIT (suite).

122. Il y a dans nos rues un grand nombre d'enfants
qui demandent l'aumône, et tout le monde sait que de mé-
prisables industriels font métier d'en avoir une bande à

leur service. Peu leur importe que l'argent qu'ils récoltent provienne de l'aumône ou du vol, il leur suffit de le recevoir.

Qui peut dire qu'il n'y a pas quelque chose d'analogue à cette spéculation dans l'action d'un commerçant qui, pour réaliser un gros bénéfice, s'adjoint un homme sans surface et de qui, sous une pareille protection, le crédit a crû d'une façon déraisonnable ? Qui sait même si l'intermédiaire honnête au commencement, mais trahi par le sort quand point le terrible échéance, ne risquera pas la police correctionnelle pour échapper à la prison pour dettes ?

Le devoir d'un chef de maison est de pouvoir, en tout temps, répondre de tout le personnel auquel il a cru devoir se confier. Quant à l'homme de travail, vous faites bien plus et bien mieux pour lui en facilitant la création des sociétés de secours mutuels....

S'il s'engage dans une entreprise au-dessus de ses forces, le crédit, au lieu de le conduire à la fortune, accroîtra ses souffrances et le mènera tout droit à la ruine. Qu'au lieu de s'adresser à un étranger, pour qui il ne serait tout au plus qu'une liberté à menacer et à détruire, si le capital disparaît un jour dans ses mains, il s'adresse à ses pairs....

Quand il aura montré, par toute une vie de travail et d'honneur, ce que vaut sa parole, il obtiendra d'eux le crédit à plus juste titre que ceux qui ont des hypothèques à fournir. Il donnera l'hypothèque de l'honneur.

DES PARÈRES.

123*. Aussitôt que j'ai eu décidé que je vous donnerais la définition de ce mot assez étrange, je me suis demandé si j'invoquerais l'étymologie latine. Pourquoi non ?

Parère, vient de *parere*, paraître, *paret*, il paraît, il me paraît, je suis d'avis que.... par déduction, avis, sentiment.

Vous auriez eu compris aussi promptement, si j'avais

---

* Conjugaison des passés doubles, du futur probable et du futur prochain.

commencé par vous dire qu'un auteur recommandable a réuni, dans un ouvrage estimé, tous les usages connus du commerce et qu'on a donné à cet important travail le nom de *Parères* de Savari.

Donc, vous voilà fixés, la preuve des usages commerciaux se fait au moyen de parères.

Après qu'un premier tribunal a eu ainsi ordonné la preuve des usages, comment est-on convenu de procéder ?

Ma partie adverse et moi nous devons nous adresser alors aux chambres de commerce, qui se prononceront. Elles le peuvent seules avec une autorité suffisante.

Nous devons avoir recours aux négociants éclairés, partout où les chambres de commerce n'existent pas, ou bien lorsqu'elles sont trop éloignées; mais les attestations ainsi obtenues ne vont pas nous servir, comme vous pourriez le croire, auprès des tribunaux, au même titre que les décisions des chambres. Ces attestations ne seront acceptées par les juges que comme des certificats et à titre de simples renseignements.

Au reste, je vais plaider, aujourd'hui ou demain, ici ou là, comme me le conseillent mes intérêts, l'usage étant un fait, on peut le prouver par témoins et l'éloignement ou la non existence d'une chambre de commerce ne sera point un obstacle à la solution d'une affaire.

DES PARÈRES (suite).

124. Maintenant, allons-nous entreprendre d'examiner longuement la question des usages?

Quand on a eu terminé le code de commerce, on n'a abrogé que les lois anciennes, d'où il résulte que les usages ont pu garder, et ont gardé en effet toute leur puissance.

Nous devons distinguer deux sortes d'usages : les usages généraux et les usages locaux. Vais-je vous les définir ? ces mots s'expliquent d'eux-mêmes.

Pour qu'un usage soit établi, trois conditions me paraissent nécessaires, et cela va vous le paraître autant qu'à moi.

Il faut qu'il soit 1° uniforme, c'est-à-dire le même sur toutes les places de l'empire, s'il s'agit d'un usage général; ou observé par la généralité des commerçants de la place, s'il s'agit d'un usage local; 2° multiplié; 3° réitéré pendant un long espace de temps.

Vous avez eu compris la nécessité de ces conditions, avant même que j'aie achevé de les énumérer. En effet, quand même un usage serait uniforme, vous allez convenir sans peine que s'il n'était pas multiplié ce ne pourrait être véritablement un usage. Pour le même motif, nous devons reconnaître qu'il doit avoir été soutenu pendant un grand nombre d'années.

DE L'ACCAPAREMENT.

125 *. En ce temps-là....

A la façon dont s'ouvre notre récit, croyez-vous que le temps dont nous allons parler soit bien éloigné de nous?

Oui sans doute.

Eh bien! c'était presque hier. Il y a eu des familles ruinées; il y a eu crime et mort d'homme. Ah! quand verrons-nous disparaître le dernier des préjugés qui peuvent tant de mal?

En ce temps-là donc, il y avait eu le matin même une émeute affreuse sur le marché d'un bourg, voisin de notre habitation. Vivrais-je cent ans, ce spectacle ne sortira pas de mes yeux. Fussiez-vous tous contre moi, eussiez-vous, au suprême degré, l'entêtement de l'ignorance, dussé-je renoncer à tout espoir de vous convaincre, je ne me lasserais pas de vous crier que les accapareurs usent de leur droit.

En quoi donc l'accaparement diffère-t-il du négoce?

En quoi vous paraît-il coupable?

Expliquons-nous. Qu'est-ce que faire le commerce? N'est-ce pas acheter pour revendre? Le plaisir de prendre cet embarras suffira-t-il, seul, pour donner l'activité qui est nécessaire? Et va-t-on s'imaginer que les commerçants

* Conjugaison interrogative..

soient soutenus par autre chose que par l'espoir de revendre avec avantage?

Avez-vous découvert un achat dans lequel on n'accapare pas?

Une acquisition si minime qu'elle soit, qu'est-ce alors si ce n'est un accaparement? Connaît-on une circonstance dans laquelle le commerçant fasse autre chose, que retirer de la circulation une quantité plus ou moins grande d'un produit, avec l'espoir d'en voir hausser le prix?

Il est donc absurde ce préjugé qui condamne l'accaparement, car il condamne du même coup ce que, dans l'honnête acception du mot, on nomme la spéculation. Oublierions-nous d'ajouter qu'il viole la liberté et la propriété? Suis-je en effet bien maître de ma propriété? Suis-je libre, si vous vous opposez à ce que je dispose, comme il me convient, de ce que je possède? Où avez-vous pris, je vous le demande, votre droit d'empêcher l'aliénation que je veux faire, contre une chose, dont je suppose la possession plus avantageuse?

DE L'ACCAPAREMENT (suite).

126*. Si l'accaparement peut causer une surélévation des prix, la concurrence et la liberté sont là, pour amoindrir le mal.

Avec la liberté, ne craignez pas que ce mal s'étende jamais loin. Je n'achèterai pas en abondance, je ne conserverai point, contre mes intérêts, les marchandises qui sont encombrantes, si j'ai à craindre une baisse de prix.

Les grains surtout n'offrent guère pour longtemps, des conditions favorables à l'accaparement. Ne comprenez-vous pas que la récolte future, se rapprochant chaque jour, chaque jour aussi se rapproche, pour le détenteur, la nécessité de vendre? Et puis, avec la liberté, les blés n'iront-ils pas où les prix sont rémunérateurs, et n'aurais-je pas follement risqué ma fortune, si j'attendais l'époque des moissons?

* Conjugaison négative.

Supposons, par la pensée, autour de notre canton, un mur bien surveillé, ne voyez-vous pas que tous les cantons peuvent s'enfermer également et ne nous rien envoyer, alors même que nous aurions à leur offrir du vin, du lin, des huiles, etc...? Mais ce serait l'immobilité, la pénurie, ce serait la suppression des échanges. N'avez-vous pas compris déjà que cela conduirait à la mort absolue de toute production? Ne nous arrêtons pas à une pareille supposition.

Que sont donc, à y regarder de près, les accapareurs sinon des négociants, qui profitent des époques d'abondance, pour accumuler les denrées et les rendre à la circulation aux époques de rareté? Ou encore d'autres négociants, qui prennent ces denrées dans les lieux où elles sont à plus bas prix, pour les faire diriger sur des points où elles sont plus chères? Dans ce dernier cas les uns ne transportent-ils pas les substances, d'un lieu dans un autre, comme dans le premier cas les autres les transportent, d'un temps dans un autre? Dans les deux, ne comprenez-vous pas qu'ils font une œuvre utile à tous? Ne répartissent-ils pas les récoltes, n'en équilibrent-ils pas les prix, n'arrêtent-ils pas, tantôt la hausse, tantôt la baisse, ne font-ils pas servir l'abondance à la diminution de la rareté et ne fonctionnent-ils pas comme autant de greniers de réserve?

Surtout, ne perdons pas de vue que les accapareurs ne causeront aucun mal et feront, chaque jour, plus de bien, à mesure que les obstacles à la libre circulation disparaîtront.

DES NIDS D'HIRONDELLES.

127 *. Je suis conduit à vous entretenir de ce produit, bien plus pour ce qu'il a de curieux, que pour son importance commerciale.

Ces nids sont construits par une petite hirondelle, qui est nommée chez nous salangane. On trouve cet oiseau,

---

* Conjugaison de la voix passive et de la voix réfléchie.

principalement dans les îles de l'archipel Indien et sur les côtes du Tong-King, de l'An-Nam et de l'empire Birman.

Les nids, recueillis dans les cavernes où nichent les salanganes, présentent, à l'extérieur, des brins d'herbe, d'algues ou de mousses ; à l'intérieur, ils sont garnis de duvet et de petites plumes. Ils offrent ordinairement une suite de filaments qui sont parallèlement agglutinés.

Certaines parties sont quelquefois recouvertes d'une sorte de réseau irrégulier, fait de la même sécrétion que les filaments. Composés d'une plus grande quantité de cubilose, ou matière sécrétée par l'animal, les nids blancs sont les plus estimés. Ils doivent être très-secs.

Après cette indication, seriez-vous embarrassés pour reconnaître les meilleurs nids? Non, et vous ne serez pas surpris de m'entendre affirmer que ceux qui ont reçu les œufs, sont dépréciés, par cela même. Ils le sont plus encore, si la couvée y est éclose, et plus encore s'ils ont servi plusieurs années.

Les nids neufs sont-ils tous également estimés? Ils ne le peuvent être. Cela se comprend, puisque l'oiseau, après avoir épuisé dans la confection d'un nid le mucus qui lui sert à bâtir, se voit contraint, si on lui enlève ce premier gîte, à en construire un second, pour lequel la nature ne lui fournit plus les éléments avec la même abondance. Ne sommes-nous pas alors autorisés à admettre que les premiers nids, même salis, valent mieux que les seconds?

DES NIDS D'HIRONDELLES (suite).

128. Les naturalistes se sont longtemps mépris sur la façon dont l'hirondelle salangane construit son nid. Ils se sont, enfin, accordés à reconnaître que l'oiseau, au temps des couvées, sécrète par le bec une sorte de bave ou de mucus particulier.

Ce mucus s'échappe et s'écoule en filaments visqueux et ténus. La partie comestible du nid, ou pour mieux dire le nid, à l'instant où il vient d'être achevé, est formé en entier de ce mucus.

On s'est imaginé que les qualités du nid des salanganes lui venaient des parties molles des mollusques, des lichens et des algues, que ces hirondelles recherchent, et on s'est cru certain d'obtenir les mêmes résultats, en employant ces lichens, ces algues, au lieu de nids. Le résultat s'est trouvé contraire. La cubilose est un produit naturel, fourni par l'animal, à une certaine époque de sa vie, pour des besoins déterminés. Ce sont des conditions que l'industrie humaine s'ingénierait en vain à retrouver.

Les nids des salanganes sont toujours placés dans les anfractuosités des rochers. Ils s'y entremêlent, s'y accrochent, les uns aux autres, comme ceux de nos hirondelles.

A Java, on a réussi à organiser la production et la récolte des nids. La montagne de Gunnang-Salang est coupée d'excavations, qui sont devenues la demeure d'un grand nombre de salanganes. C'est en Chine que sont consommés presque tous les nids récoltés.

DES BLÉS.

129. Nous ne nous proposons pas de traiter longuement ce sujet intéressant; mais nous ne vous laisserons pas sans vous avertir de ce que les opérations sur cette denrée ont de délicat et de dangereux.

Vous êtes-vous décidés à entreprendre le commerce des grains? Alors vous vous êtes étudiés à gouverner sévèrement vos ambitions; car les variations atmosphériques, la différence des climats peuvent vous faire repentir de vos spéculations les plus sagement combinées.

Laissez s'écouler les plus belles sortes, regardez s'envoler les plus séduisantes occasions plutôt que de vous engager au delà de vos forces.

Les blés se classent, ordinairement, en blés de choix et en blés de première, de deuxième, de troisième qualité.

Le blé de choix et celui de la première qualité se reconnaissent au poids, à la netteté, à la finesse, à la régularité du grain. Ils se distinguent l'un de l'autre, en ce que le blé de choix pèse, environ, quatre-vingts kilogrammes l'hectolitre et le blé de première qualité, soixante-dix-huit à soixante-dix-neuf seulement.

La deuxième qualité, dite généralement blé marchand, et qui s'écoule le plus facilement sur nos marchés, pèse soixante-seize à soixante-dix-sept kilogrammes l'hectolitre.

En l'examinant, nous nous apercevrons qu'elle a moins de finesse que les précédentes.

Dans la troisième qualité, on s'est habitué à comprendre tous les blés ternes laissant à désirer sous le rapport de la sécheresse, de la netteté et du poids.

Sommes-nous appelés à nous prononcer sur des échantillons, tenons compte de la forme du grain. Il ne doit être ni court ni long ; sa grosseur est moyenne, la raie doit se présenter accusée, franche, avec des bords relevés. L'infériorité, tant pour le poids que pour le rendement en farine, se révèle par la forme allongée du grain.

Ne vous êtes-vous pas déjà édifiés, par ce qui a été dit plus haut, sur l'importance du poids ?

Un acheteur habile doit, en mettant la main dans un sac, pouvoir estimer ce poids. La sécheresse s'apprécie aussi à la main. Quand le blé est sec, la main et le bras s'introduisent avec facilité. On dit alors que le blé est coulant. Quand il est humide, on dit qu'il est gourd. Rude au toucher, il sonne très-mal dans la main ; le contraire a lieu lorsqu'on y fait sauter du blé parfaitement sec.

Dans le commerce, on distingue trois variétés principales, savoir : les blés blancs, les blés rouges, les blés bigarrés.

Les blés blancs sont les plus recherchés. Le Midi en fournit qui ont une grande renommée. Près de Dunkerque, à Naples, en Espagne, en Pologne, on en récolte d'excellente qualité.

Les blés rouges sont plus communs. Ils donnent plus de son, mais la farine a plus de corps.

Les blés bigarrés résultent d'un mélange de variétés diverses. Les meuniers les recherchent

Une quatrième espèce, que l'on nomme le blé dur, se cultive en Espagne, en Algérie, dans le Maroc, les États barbaresques, la Russie du Sud. Ces blés donnent une farine rude qui se panifie difficilement, mais qui s'utilise avec avantage pour la fabrication des pâtes, vermicelle, macaroni, etc.

DU CHANVRE.

130*. Le chanvre du commerce est la fibre fournie par une plante du même nom, le — cannabis sativa — des botanistes; il nous est venu du centre de l'Asie. Parti de là, il a passé en Europe, et il y a parfaitement réussi. L'usage du chanvre pour la confection des cordes de toute espèce remonte aux premiers âges de la civilisation. Mais comme matière textile, pouvant servir à la fabrication du linge, son emploi est tout à fait moderne. Au temps d'Olivier de Serres, l'application du chanvre à la confection des tissus n'était pas encore sortie du nombre des curiosités industrielles.

Depuis, les choses ont marché et la belle filasse augmente, dans une proportion assez notable, les ressources que nous trouvons dans le lin et le coton. Bien que la France soit parvenue à une production considérable, nous tirons cependant du chanvre des États-Unis, de l'Italie, de la Russie et de l'Allemagne. Nos chanvres les plus estimés étaient ceux de la Champagne; mais ils ont dégénéré; et tombée aujourd'hui au dernier rang, cette province voit préférer à ses produits ceux de l'Anjou, de la Touraine, surtout de la Picardie.

Le chanvre entre dans le commerce et arrive sur nos marchés, soit en tiges vertes, soit en tiges sèches, et va ainsi trouver les lieux où il doit être travaillé par l'industrie. Mais souvent, c'est dans le pays même où il pousse qu'on lui fait subir les premières préparations.

Il croît d'excellents chanvres en Picardie.... Ceux de belle

* Verbes neutres.

qualité sont très-longs, très-fins, soyeux et doux au toucher, d'une odeur fraîche, d'un blanc brillant avec un reflet doré. Ils résistent assez bien et se prêtent convenablement au travail.

Quoique la Champagne soit déchue de sa vieille réputation, elle ne descend pas plus loin que le second rang.

Dans les départements de Maine-et-Loire, d'Indre-et-Loire, de la Mayenne, de la Charente, mais principalement dans les deux premiers, une nombreuse population vit de la culture du chanvre. La plus grande partie des chanvres de l'Anjou vient de la vallée dépendant du bassin de la Loire. Citons encore comme lieux de production la Bourgogne, la Normandie, la Bretagne, le Berri, l'Auvergne, etc.

Les chanvres d'Italie plaisent aux tisserands à cause de leur douceur et de leur pureté. On fait cas également de ceux du Nord ainsi que de ceux d'Allemagne. L'Amérique en récolte à peine assez pour sa consommation, l'Asie, particulièrement l'Inde anglaise, nous en expédie de fortes cargaisons. La vieille Afrique qui est en train de rajeunir sous les efforts de la civilisation, se promet déjà de très-beaux résultats d'un chanvre de Chine qu'on y a récemment introduit. Cette culture, quoiqu'elle soit née d'hier dans notre colonie, paraît devoir donner promptement des produits magnifiques. Il semble à M. Hardy, le directeur de la pépinière centrale à Alger, que ce chanvre géant finira par envahir nos marchés et sortira victorieux de toutes comparaisons.

DE L'ÉCONOMIE POLITIQUE.

121. Si vous êtes convenus en nous lisant que le commerçant doit être instruit, il n'a point échappé à votre attention que nous oubliions l'économie politique dans notre énumération. Hâtons-nous de réparer comme il convient cette omission qui nous est échappée.

En dix-sept cent quatre-vingt-neuf ont expiré les préjugés, qui avaient obligé Richelieu à déclarer « que le gentilhomme qui se livrait au grand commerce de navigation ne dérogeait pas. »

N'allez pas croire que rien ne soit resté dans nos mœurs de ce préjugé. Contre les aveuglements et les ignorances du temps passé jamais, cependant, ni la science, ni la raison n'ont été aussi vite.

Aujourd'hui, dès qu'une profession m'a convenu, j'y puis consacrer ma vie sans craindre le blâme de qui que ce soit, et quand j'aurai expiré, les louanges publiques ne me feront pas défaut si j'ai noblement occupé ma place parmi ceux qui travaillent.

C'est à l'économie politique que nous devons ce progrès. Elle a été plus avant que Richelieu, plus avant que Colbert. Elle démontre, ainsi que l'a écrit très-justement M. Baudrillart, que dans une société civilisée tout est commerce, que l'échange en est la condition la plus vitale, que le travail, si sacré par lui-même, n'est entré dans la plénitude de sa fécondité que le jour où des actes multipliés d'achats et de ventes sont venus le seconder.

Combien de temps notre société française aurait-elle demeuré dans un état d'infériorité funeste à sa gloire, si ces principes et d'autres analogues n'avaient pas enfin prévalu! Ce n'est certes pas la guerre qui l'en aurait sortie. S'il plaît à Dieu que ce fléau se soit éloigné de nous, qu'il reste où il est allé s'abattre, plus longtemps il y sera demeuré plus nous aurons chance de voir prospérer à toujours la fortune publique.

DE L'ÉCONOMIE POLITIQUE (suite).

132*. Les commerçants qui se sont si longtemps complu aux errements du passé, voient s'accroître chaque jour le nombre des esprits distingués qui rendent hommage à l'économie politique. Grâce à ces recrues vaillantes, il ne se passe guère d'années où les principes régénérateurs que

---

* Verbes neutres réfléchis. Verbes unipersonnels.

proclame cette science ne soient affirmés pour le plus grand
bien de chacun.

Les nations les plus riches, prétendaient certains, sont
celles qui exportent le plus, parce qu'elles rapportent alors
de l'étranger une masse de numéraire supérieure à celle
qu'elles laissent sortir du pays. Aujourd'hui, cette hérésie
fait sourire nos écoliers, elle se meurt, ou mieux elle est
bien morte.

Il faut favoriser le commerce intérieur, à l'égal du commerce extérieur ; c'est le contraire que l'on professait autre fois, sous l'influence de ce principe erroné : à savoir, que
la richesse d'un peuple consiste uniquement dans l'argent.

Il s'en faut du tout que cela soit vrai, et il est de doctrine
désormais que l'argent ne représente en réalité qu'une partie
et non la plus importante partie de la fortune publique.

Il n'y a guère de gens de nos jours, touchant aux choses
du trafic quotidien, dont l'intelligence ne reconnaisse la solidarité naturelle qui lie toutes les nations entre elles et par
conséquent le commerce extérieur avec le commerce intérieur, si bien que s'il tombe une gêne sur l'un, il se trouve
que l'autre en souffre nécessairement. Aussi il est arrivé,
sous l'influence de la prédication des économistes, que personne ne voit plus avec inquiétude les libertés nouvelles ap-
pelées et accordées.

Hier encore, il semblait que les peuples ne peuvent se développer qu'aux dépens les uns des autres. Égarés par cette
erreur, les peuples se sont tour à tour et durant des siècles
arrogé le droit de préluder par la guerre des tarifs à la
guerre impie, maritime et continentale. Il s'agissait alors,
pour chacun d'eux, de distraire à son profit la plus forte
somme possible du numéraire existant et d'avoir le plus
possible les marchés d'exportation.

C'était le temps où, en prévision des conquêtes à faire, les
rois réputés prudents amassaient des trésors dans les caves
de leur palais.

Aujourd'hui, il nous est heureusement prouvé que les
nations fraternellement unies peuvent s'enrichir simul-

tanément les unes les autres, et surtout les unes par les autres.

DE LA VILLE D'AIX.

133. Il fut un temps où Aix promettait de prendre un développement considérable, mais la révolution de dix-sept cent quatre-vingt-neuf arrêta cette prospérité.

Est-ce que le voisinage de Marseille, la Phocéenne, me direz-vous, ne nuira pas toujours à la ville des eaux de Sextius?

Sans doute, mais il ne paraît pas que Marseille enlève jamais à Aix les avantages que lui donnent ses huiles, ses amandes, ses blés et ses laines.

D'ailleurs, sont-ce là ses seules ressources? Non. Elle a encore, par suite de sa position centrale, la vente pour la Provence entière des bestiaux du haut Languedoc, de l'Auvergne, du Limousin, des Alpes et du Piémont. Les pâturages ne lui manquant pas, Aix est assurée de conserver ce très-riche marché. Nous disons très-riche; ne convient-il pas de le qualifier ainsi, si on accepte, ce que d'ailleurs il ne s'agit pour personne de contester, le chiffre de vingt-cinq millions de kilogrammes représentant le total des bestiaux vendus chaque année?

La réputation des huiles d'Aix est européenne. Il s'en faut de beaucoup que celles de Toscane, de la rivière de Gênes, de l'ancien royaume de Naples lui soient préférables.

Il y a à Aix plus de deux cents femmes occupées annuellement pour la manipulation des amandes, et le chiffre des affaires sur ce produit ne va pas à moins de cinq ou six millions par campagne.

C'eût été peu de choses que ces seules denrées pour alimenter un marché de grande valeur, mais les blés y ajoutent considérablement. Chacun connaît leur qualité et leur abondance.

Il suit de cette abondance qu'à Aix la minoterie donne lieu à un mouvement d'affaires qui peut être estimé à cinq millions de francs. Les farines vont approvisionner la Suisse, l'Afrique et l'Amérique.

On fabrique aussi des vermicelles qui luttent avantageusement avec ceux de Gênes et de Naples.

Il se fait enfin à Aix un très-grand commerce de laines de Provence, de laines étrangères qui proviennnent du Levant, du nord de l'Afrique et de l'Amérique du Sud.

DES OEUFS.

134*. Je n'entreprendrai pas de vous donner de minutieux détails sur le commerce des œufs. On comprend que cela pourrait nous mener loin. Si l'on parcourt les documents que fournit l'octroi des grandes villes, on reconnaît que c'est là une denrée qui apporte un contingent considérable aux transactions intérieures.

Les œufs recueillis en France n'y sont pas tous consommés, l'exportation s'accroît même chaque année. On estime à onze millions de kilogrammes, qui représentent plus de treize millions de francs, la quantité que nous enlèvent annuellement l'Angleterre, l'Espagne et l'association allemande.

Cependant cet aliment précieux à tant de titres n'a pas encore conquis le monde. Dans l'Afrique centrale, au pays des Unyamwezi, qui habitent la terre de la Lune, les œufs excitent une répugnance unanime dont on ignore la cause.

Pour satisfaire à l'activité de notre marché, nous allons quérir des œufs jusqu'en Belgique, en Sardaigne et en Prusse.

C'est surtout dans ceux de nos ports qui regardent les côtes d'Angleterre, que vont s'accumuler les produits de nos basses-cours. J'allai l'été passé visiter Cherbourg, j'y suis allé de nouveau en automne; ma surprise a été grande d'y rencontrer de vastes établissements où un personnel nombreux est employé à l'emballage des œufs.

* Verbes irréguliers. Verbes défectifs. Observations générales sur les verbes irréguliers des quatre conjugaisons.

Ce n'est rien que cela, me dit un coquetier auquel je fus adressé. J'ai été déjà bien loin pour recueillir les quantités qui me sont demandées, j'irais plus loin encore si je savais où rencontrer les ressources qui me manquent. Mais en quelqu'endroit que j'aille, je trouve partout la production inférieure aux besoins. Cela tient à l'incurie des paysans, qui semblent dire à leurs bêtes : Va et ponds comme tu voudras. Notez bien que les commandes iront toujours croissant si la production se développe. J'ai envoyé durant la campagne dernière moitié moins d'œufs qu'on ne m'en a demandé, et j'en enverrais le double si je savais où m'approvisionner.

DU BOIS D'AUNE. — DU BOIS DE BOULEAU. — DU BOIS DE BRÉSIL ET DU BRÉSILLET.

135. Nous avons déjà parlé de l'aune, dont la culture est facile et florissante dans toute l'Europe. Nous avons dit que son mérite principal gît dans la propriété qu'il possède de se conserver presque indéfiniment dans l'eau. Aussi on le recueillera particulièrement pour en obtenir des corps de pompe, des pilotis pour canaux souterrains, et des étais dans les galeries de mines. On l'emploie encore pour la confection des sabots et des caisses d'emballage exigeant une certaine consistance.

— Le bouleau, reconnaissable à son écorce blanche, souple, forte et se levant par feuillets minces, est à peu près incorruptible sous cette enveloppe. Non-seulement c'est le seul arbre qui ne meure point au Groënland, mais encore il acquerra au nord une solidité qui lui manquera toujours jusque dans nos montagnes.

On l'emploie pour la tonnellerie parce qu'il prend aisément le poli.

— Le bois de Brésil et le bois de brésillet contiennent une matière colorante rouge, chez nous d'un usage journalier. Il s'en faut que les bois dits de Brésil nous viennent tous de cette contrée. Ils acquièrent par le travail les qualités qui conviennent à l'ébénisterie, mais ce sont les teinturiers qui en consomment le plus.

— Le bois de brésillet, analogue au précédent, viendrait au besoin le remplacer. Mais la matière colorante qu'on en obtient est moins abondante et moins belle. Nous le tirons des Antilles, des Indes, etc. Le gros brésillet, qu'on l'obtienne d'Haïti ou d'ailleurs, arrive dans nos ports en bûches de un à deux mètres de long sur cinq à six décimètres de diamètre. J'ai ouï dire qu'il est à propos de choisir les échantillons en bois fait et d'une teinte rouge uniforme. La seconde sorte, avec laquelle on courrait risque de faire de mauvaise besogne, si on lui demandait les mêmes services, nous est expédiée en bûches grossièrement taillées. C'est particulièrement dans les Indes orientales que gisent les forêts qui nous fournissent le petit brésillet.

Jusqu'à ce que la science ait trouvé le moyen de les fixer, les nuances diverses que l'on obtient des bois de Brésil et des bois brésillet, tiendront mal. Elles meurent pour ainsi dire très-promptement sous l'action de la lumière.

DU BUIS.

136. Alors que les primevères fleurissent et que Pâques prochain vous promet les lilas, vous n'avez jamais pensé, en allant à l'église faire votre provision de branches bénies, que le bois qui nous les fournit soit précieux encore à d'autres titres.

Les ministres de Dieu, chargés d'éclairer votre foi religieuse, ne faillirent certes, pour aucun de vous, au devoir de rappeler l'entrée de Jésus-Christ à Jérusalem; vous savez les symboles de la fête des Rameaux.

Pour moi, mort déjà à tant des souvenirs de ma jeunesse, souvenirs que d'impérieux besoins sont venus effacer, je tressaille encore au retour de ma pensée vers ces enseignements, et je ferais volontiers un peu de poésie à ce propos.

Ma tâche sera plus humble. Je m'y tiendrai, en dépit des tentations qui m'assailliront toujours en face de pareils sujets.

Causons donc modestement du buis, non du buis béni par la droite des pontifes, mais du buis béni par les nombreux ouvriers et les artistes auxquels il fournit la matière de travaux qui les font vivre.

Cet arbrisseau, assez abondant en Orient, dans l'Europe méridionale, et en France, se plaît dans les terrains froids et humides ; partout ailleurs, il mourrait avant d'être parvenu à un développement capable de lui donner une valeur commerciale. A Saint-Claude (Jura), et dans les Alpes-Maritimes, les habitants ont acquis une très-grande habileté dans l'art de travailler le buis ; cela constitue pour eux une industrie assez lucrative, qui florissait jadis et fleurit sans doute encore au gré de leurs intérêts.

Le buis est remarquable par son extrême dureté. Sa couleur est toujours un jaune pâle avec veines saillant sur le fonds. Il prend très-bien le poli et le vernis.

Pour la gravure sur bois, la lutherie, la brosserie, la sculpture, on emploie le bois proprement dit. La marqueterie et la tabletterie s'enquièrent surtout de trouver des racines.

La loupe est également recherchée.

Les loupes naturelles sont assez rares, mais on a prévenu les inconvénients de cette rareté en produisant des loupes artificielles.

Il a convenu au commerce de classer le buis en buis jaune et en buis vert. Le buis vert est le plus rare. Le mérite de ce bois gisant dans sa compacité, on le vend au poids.

DU BOIS DE CALIATOUR. — DU BOIS DE CALIFORNIE. — DU BOIS DE CAMPÊCHE OU BOIS D'INDE.

137. Avant de nous occuper du bois de Campêche dont il sied que je vous parle longuement, sachez au moins le nom du bois de caliatour. Il donne une couleur rouge tirant sur le marron. Je ne pourrais vous dire de quelle espèce d'arbres

on l'obtient, que je le veuille ou non ; il faudra que vous vous contentiez avec moi de suppositions.

On pense que le caliatour provient d'une variété de légumineuses qui croît dans les régions montagneuses de l'Inde et de Ceylan. Il n'est pas dépourvu de mérite. On l'emploie surtout pour teindre la laine.

— Le bois de Californie ou de Lima ne nous vient ni de l'une ni de l'autre de ces contrées. Il fallait lui donner un autre nom puisqu'on le rencontre sur la côte de l'Océan pacifique austral, aux environs de Panama, au Chili et dans le haut Pérou. Ce bois présente à la sonde une teinte jaune rougissant à l'air. Vous le verrez, soit en bûches moyennes longues de un mètre quinze centimètres à un mètre vingt, soit en bûches un peu plus grosses. Ces bûches sont creusées et souvent traversées par des cavités longitudinales nombreuses et rapprochées, revêtues à l'intérieur d'une pellicule grisâtre. Il siéra de choisir celles dont les cavités sont moins nombreuses et moins profondes.

— Le bois de Campêche est sans doute le plus important que je puisse vous signaler comme bois de teinture. Il en est peu qui le vaillent pour la variété des nuances qu'on en peut obtenir. On le nomme aussi bois d'Inde. Son nom lui vient de la baie de Campêche (Mexique). On en tire néanmoins de Honduras et des Antilles, notamment d'Haïti. Il exhale une odeur d'iris agréable, assez faible cependant pour qu'on ne sache pas toujours la reconnaître. Son caractère particulier, c'est la coloration rouge foncé qu'il donne à la salive. Vous pouvez sans danger tenter l'essai quand vous voudrez.

DU BOIS DE CAMPÊCHE (suite).

138. Le bois de Campêche est dur, compacte, plus pesant que l'eau. Jaune rougeâtre lorsqu'il vient d'être coupé, il passe au brun au contact de l'air et se meut du brun au noir très-foncé, quand l'atmosphère est imprégnée de vapeurs ammoniacales.

Le cas échéant, il vaudrait tout autre bois, même l'acajou, pour la fabrication des meubles, mais par sa richesse même en matière colorante il déchoit du rang de bois d'ébénisterie. Il est en outre sujet à la corruption. Sa décoction prend une couleur rouge, vineuse, un peu bleuâtre. Que je meuve cette décoction avec diverses substances acides, alcalines ou salines, pour les mélanger intimement et je puis obtenir à volonté, selon les cas, des tons très-variés de violet, de noir, de rouge, de brun, de jaune. On fait encore entrer la matière colorante du campêche, que les chimistes ont nommée hématine, dans un grand nombre d'autres couleurs composées, presque aussi variées que le veulent ceux qui les emploient.

On distingue dans le commerce les bois de Campêche en plusieurs sortes ou coupes. Ce sont la coupe d'Espagne, la coupe anglaise, la coupe d'Haïti ou de Saint-Domingue, la coupe Honduras, la coupe Martinique et Guadeloupe.

Veuillez vous donner la peine de les comparer quand vous les rencontrerez sur nos ports et vous assiérez promptement votre opinion sur le mérite de chacune d'elles. Les différences extérieures se peuvent aisément reconnaître, sans qu'il faille pour cela autre chose qu'un peu d'habitude et quelque attention. Je ne saurais m'étendre plus sur ces différences mêmes, mais vous entrevoyez déjà que mes explications ne vous sont pas absolument nécessaires, et sans hésiter je laisse à ceux qui ne savent pas le doux souci d'apprendre.

DE L'ÉCONOMIE.

139. Sachons contenir notre désir de paraître. Gardons-nous de croire que, dans l'opinion des gens que nous approchons, nous valions moins parce que notre habit accuse une certaine économie.

On est bien mal inspiré si l'on s'imagine qu'on assoira sa réputation sur le luxe du costume. C'est par là que commencent à se perdre la plupart des commis.

S'ils n'ont pas beaucoup de raison, un sot besoin d'égalité les entraine. On commence par le vêtement et bientôt on s'imagine qu'on décherra dans l'opinion si on ne prend ses habitudes aux mêmes cafés que les patrons. Chacun prévoira, comment les plus raisonnables appointements paraîtront toujours trop modestes à ceux qui n'ont pas plus de modestie. De là des tentations, des dettes et qui sait combien d'ennuis !

Les commerçants dont la fortune est solidement assise, se donnent volontiers une maison de campagne, ils ont plaisir à traiter avec quelque recherche les amis qui s'assoient à leur table. Ils y convient parfois les plus méritants de leurs commis. Défendez-vous si cette faveur vous échoit du penchant si naturel de considérer votre profession comme un moyen d'arriver promptement à ces jouissances, et surtout ne prétendez pas à vous les donner dès que vous entrevoyez le moyen de le faire.

Sache attendre ton tour, jeune homme, sache surtout le mériter. Assois solidement ton crédit, mets-y les précautions nécessaires. Le plus longtemps possible sursois à ces vanités.

Si nous savons réfléchir, nous aurons vite calculé combien les petites économies sont importantes si peu qu'elles vaillent en apparence. C'est peu que quelques centimes ménagés à propos, mais rien ne prépare aussi bien à ménager des francs lorsqu'on est mieux pourvu.

Si vous devez avoir un défaut, soyez plutôt intéressé que prodigue. Cependant conservez en tout une juste mesure, et ne soyez mal à propos ni l'un ni l'autre.

DES ÉPONGES.

140. Vous avez l'habitude de vous interrog.r sur les choses qui pour être usuelles n'en sont pas moins étranges. Vous vous êtes dit sans doute : Une éponge ? qu'est-ce que cela ? un végétal ou un animal ? La question n'est pas encore résolue, et les naturalistes semblent ne pas devoir y arriver de sitôt. Clora le débat qui voudra. Ce n'est point à nous

de nous en faire accroire là-dessus. Où les savants craignent de conclure, nous n'avons plus à nous prononcer.
Tenons leur compte des soucis qu'ils s'imposent, sans intervenir à la façon d'un âne qui brait dans un concert d'oiseaux
chanteurs. La science vainc chaque jour des difficultés plus
grandes que celle-là. Sous les efforts persévérants de ses
apôtres, il éclot sans cesse des lumières nouvelles. Ceux
qui vont prédisant qu'on ne saura jamais ou ceci, ou cela,
jugent bien mal de la volonté patiente. Je n'irai pas mau-
dissant leurs affirmations décourageantes jusqu'à me fâcher
contre eux. Je ne leur ferai pas l'honneur de leur opposer
toutes les découvertes qui depuis cinquante ans seulement
ont si profondément modifié les conditions du commerce
et de l'industrie. Que nous les vainquions sur un point ils
recommenceront aussitôt sur un autre. Qu'ils disent donc et
qu'ils fassent ce qui leur plaît, ne nous lassons pas de nous
instruire. Remercions les savants des choses qu'ils prennent la peine de nous expliquer, et pour celles sur lesquelles
ils ne sont pas d'accord, attendons que grâce à de nouvelles
recherches éclose enfin la vérité.

Une opinion généralement reçue qui cependant ne clot
pas les études entreprises, c'est que la substance dont les
éponges sont formées se rapproche beaucoup plus des matières animales que des matières végétales.

A l'état vivant il sourd de l'éponge une substance gélati-
neuse dissoute aisément par le lavage. Si vous faites l'ana-
lyse de l'eau qui a servi à ce lavage, vous y trouverez une
petite quantité d'iode. On extrait encore de l'éponge une
huile particulière et l'on y rencontre du phosphate, du
carbonate et du sulfate de chaux, du sel marin, de la silice,
de la magnésie, de l'alumine et du sulfate de fer.

DES ÉPONGES (suite).

141. Tantôt l'éponge éclora et se développera en affectant
la forme des champignons sans pied et alors elle adhérera
au rocher par le sommet de sa face convexe. Tantôt vous la

trouverez arrondie, tantôt enfin irrégulière et mamelonnée.

La grosseur des éponges varie suivant les espèces. Leur couleur est d'un blond plus ou moins pâle ou d'un brun roussâtre plus ou moins intense.

Je clos ces indications par cette remarque, que les éponges présentent de grandes différences dans la souplesse, la douceur, l'élasticité et la finesse de leur tissu.

Les naturalistes font deux classes des éponges, selon qu'elles vivent ou dans les fleuves ou dans les mers. Les premières sont sans emploi, et parmi les secondes quelques espèces seulement ont une valeur commerciale. Toutes les mers nourrissent des éponges, mais l'éponge usuelle ou officinale n'éclorait et ne prospérerait, si l'on en croit l'expérience des pêcheurs, que vers l'extrémité orientale de la Méditerranée, dans la mer Ionienne, dans l'Archipel grec et sur les côtes de l'Asie Mineure.

De nos jours la pêche des éponges se fait principalement dans l'Archipel et sur le littoral syrien.

Les éponges se vendent au poids, on les fraude communément avec de l'eau chargée de sable fin. Elles boivent avec avidité, pour ainsi parler, ce liquide épais.

La pêche commence ordinairement vers les premiers jours de juin, on la clôt en octobre.

Les barques qui servent à cette pêche sont montées par quatre ou six hommes. Les éponges se prennent à la distance de sept à dix kilomètres au large sur des bancs de roches. Les belles éponges ne se rencontrent qu'à la profondeur de douze à vingt brasses. Quant aux éponges fines elles sont cueillies par des plongeurs habiles et résolus qui descendent au fond de la mer.

DES ÉPONGES (suite).

142. Pour peu qu'il boive de l'eau de la mer, le plongeur éprouve ce malaise que chacun de nous connaît plus ou moins. Il nous est bien arrivé quelquefois volontairement

ou non de tenir notre tête sous les vagues. Il suffira de
nous rappeler combien nous étions troublés quand le liquide nous bruyait aux oreilles, pour nous rendre compte
des difficultés que vainc le pêcheur. On a inventé, dans
ces dernières années, un appareil dont l'emploi supprime-
rait, à peu près, la gêne des plongeurs. Imaginez un vêtement imperméable, des chaussures qui permettent à
l'homme de se tenir aisément en équilibre, plus un casque
muni d'yeux et recevant de l'extérieur, avec des ménage-
ments convenables, l'air qu'il faut que nous buvions en
quantité connue pour respirer sans oppression, et vous aurez une idée assez exacte du scaphandre. Ainsi protégé,
l'ouvrier peut aller, venir, chercher, et accomplir certains
travaux qui demandent peu de forces. L'eau ne bruit plus
à ses oreilles, il y voit suffisamment et remonte à son gré.

Les principaux centres du commerce des éponges sont,
Smyrne, Tripoli, l'île de Rhodes, et Syra une des Cy-
clades. Les éponges ne sont point blanchies pour la vente.
Le sédiment gélatineux qui leur donne une couleur très-
foncée; les rend très-lourdes et les resserre à la surface
dissous dans l'eau, il disparaît par le lavage.

**DU BOIS DE CÈDRE. — DU BOIS DE CERISIER ET DE MERISIER. —
DU BOIS DE CHARME. — DU BOIS DE CHATAIGNIER. — DU BOIS
DE CHÊNE.**

143 *. Le cèdre élève sa tête majestueuse sur les plus
hauts sommets du mont Liban. Son bois, que l'on emploie
dans les grandes constructions, sert aussi à l'ébénisterie et
à la marqueterie. On le confond aisément avec le sapin du
Nord. Il imprègne l'air d'une odeur agréable, il est en
outre presque incorruptible. Des nœuds très-durs le pé-
nètrent profondément et le sèment au poli qu'il reçoit facilement, de taches brunes d'un aspect agréable. Il se vend
généralement en billes.

* CHAP. VI. *Du verbe* (Récapitulation).

—Le cerisier, auquel on préfère le merisier, sert aux ouvrages de tour. Les fabricants de chaises en font un grand usage. On le rejette généralement pour les ouvrages de prix. Il se vend en tiges entières et en planches.

—N'allez pas vous imaginer que le charme, bouleau de nos forêts, procède, quant au nom, du verbe charmer ou qu'il recèle quelque vertu qui le rende propre aux enchantements. Non, rien de magique ici, l'étymologie est latine, elle rejette toute allusion au merveilleux et paraît se rattacher à l'habitude qu'on avait de fabriquer les jougs en usage pour les bœufs avec le bois dont je vous entretiens. Il n'est donc pas nécessaire que je déploie, à ce propos, un grand luxe d'érudition. Je m'en refère à plus doctes sur cette question que je soulève en passant.

Le bois de charme est blanc, il a une grande dureté, son grain serré reste mat sous le polissage et reflète mal la lumière. Mais les mécaniciens et les charrons en font un grand cas.

—Le châtaignier que nous voyons cultiver à peu près partout en France possède une propriété qui le fait rechercher pour la fabrication des tonneaux. En l'immergeant vous reconnaîtrez qu'il conserve son volume sans se gonfler. En changeant les conditions, vous vous apercevrez qu'il se resserre à peine. Cette qualité connue dut attirer l'attention; aussi il va de soi qu'on en fait depuis longues années des récipients pour toutes sortes de liqueurs.

— De toutes les richesses végétales créées à notre usage, la plus précieuse pour l'Europe, nous entendons parmi les bois, c'est bien réellement le chêne. Salut donc au roi des arbres! « celui de qui la tête est voisine du ciel et dont les pieds touchent à l'empire des morts, » ainsi que l'a écrit La Fontaine dans ce style merveilleux où la magnificence succède à la naïveté.

L'usage du chêne est donc infini. A quelque chose qu'on l'emploie, il répond à tous les besoins. L'eau le protège contre toute cause de destruction, il y prend une dureté extrême et la couleur de l'ébène.

DU BOIS D'ÉBÈNE.

144. Nous nous sommes assez étendu, à ce qu'il nous paraît, pour faire comprendre l'importance commerciale des divers bois dont on doit s'appliquer à reconnaître aisément les caractères. Cependant tout en ménageant les détails, si la chose vous agrée, nous parlerons encore du bois d'ébène, du bois de fer, du bois de frêne et du bois de noyer.

L'ébène est, après le chêne, l'acajou, le palissandre, le bois qui se prête le mieux à la fabrication des meubles. Il est fourni par le cœur de certains arbres de la famille des ébénacées ou plaqueminiers, arbres vivant en Afrique, en Amérique, et surtout dans l'Inde.

Dure, pesante, d'un grain fin, susceptible d'un très-beau poli et toujours de couleur foncée l'ébène est tantôt entièrement noire, tantôt d'un brun rouge vif, moiré de noir. Suivant qu'elle revêt l'une, ou l'autre de ces nuances, on distingue :

L'ébène noire ; — nous l'obtenons de Madagascar, de l'Inde et de la Cochinchine. La plus recherchée croît dans l'île Maurice et aux Philippines.

L'ébène de Portugal ; — il y en a deux variétés. Le Portugal n'en produisant pas, la tirait du Brésil pour en approvisionner nos marchés, ce qui explique le nom.

L'ébène rouge ou grenadille, l'ébène verte et enfin l'ébène jaune ; — ces trois dernières sont classées par analogie parmi les ébènes puisqu'elles sont le produit d'arbres étrangers à la famille des ébénacées, savoir, des bignonées et des légumineuses.

DU BOIS DE FRÊNE.

145. On emploie peu le frêne dans l'ébénisterie et les arts analogues. On en fait cependant de bons manches de marteaux, d'excellents montants d'échelles et des montures de scie. Ce qui le protége particulièrement contre un abandon plus grand, ce sont ses loupes énormes.

On les classe ainsi : la loupe blanche, la loupe rousse, la loupe brune. La première est celle dont le prix s'élève le plus, tant à cause de la richesse de son dessin que parce qu'elle prend naissance sur les arbres encore jeunes. Elle jaunit au contact de l'air et plus encore de l'humidité. La seconde, qui se révèle au sciage par une teinte plus foncée, se prête au placage. En bois plein elle devient propre à la confection des chaises, des pieds de table et d'autres meubles exigeant de la solidité. La dernière, plus ou moins altérée par la décomposition, apparaissant d'abord dans les veines et divisant le bois en lobes peu volumineux, ne convient guère qu'aux ouvrages de tour.

La loupe blanche ne perce pas au cœur du bois, elle est extérieure. La rousse, au contraire, pénètre vers le centre de l'arbre ; mais on ne la rencontre qu'à la partie supérieure du tronc, tandis que la loupe brune également intérieure, se développe, s'allonge, se faufile proche de la racine. Connaissant bien les trois espèces de loupes, il n'est pas rare qu'on les avise sur un même arbre. D'ailleurs, dans certaines contrées, les frênes se loupent entièrement, si bien que les loupes, allant de ci et de là, interrompues l'une par l'autre, se croisant, se pénétrant, on n'aperçoit plus aucune trace du bois normal.

Les loupes blanches et jaunes se débitent et s'achètent en feuilles prêtes pour le placage. Les loupes rousses se vendent entières ou en billes plus ou moins bien équarries.

DU CHARBON DE TERRE.

146. La houille ! Ce nom étincelle comme la chose, il suffit de le prononcer pour que l'esprit s'élançant aussitôt vers le merveilleux se représente l'agent le plus énergique du progrès. Ce nom rappelle à la fois les idées de chaleur, de lumière, de force, de mouvement. Ceux-là s'effrayent justement qui se demandent ce que deviendrait l'Europe si elle pouvait être menacée de voir la houille lui manquer. Le vieux roi charbon, comme l'appellent quelquefois les

Anglais, est en effet une puissance que nous jugeons désormais indispensable.

Les mines de Swansea dont les charbons durs agissent avec un calorique intense, mais qui ne jettent aucune flamme et ne crépitent pas ; celles de Newcastle dont la houille plus tendre et grasse brûle en dégageant au contraire une flamme abondante, sont les premières de l'Angleterre. A côté d'elles viennent les houillères non moins renommées que contient l'Écosse.

Qui se promène en Belgique rencontrera en égale abondance le diamant noir. On cite les mines de Mons et de Charleroi.

La Prusse essaye de développer sa production. Elle montre avec orgueil ses bassins de Silésie, de Westphalie et de la Prusse Rhénane.

Quant à la France, elle possède d'importants dépôts, ils s'y succèdent du Nord au Midi. Jugeant du mérite par l'importance, nous les classerons comme il suit.

D'abord les mines du Nord et du Pas-de-Calais; j'irais contre toute justice distributive si je ne vous y signalais celles d'Anzin. Puis les mines qui sont recouvertes par le sol fécond du centre; elles ont leur siège d'exploitation à Commentry, à Blanzy, au Creuzot. Enfin les mines de la Loire, qui ne leur cèdent en rien ; Saint-Étienne et Rive-de-Gier y tiennent la tête. Ajoutons les houillères du Gard qui payent par de non moins beaux produits ceux qui les exploitent; on y nomme Alais, Basséges et la Grand'Combe.

Vous connaîtrez toutes nos ressources en charbon, si vous placez à la suite de ces premières indications les plus petites houillères de la Basse-Loire, d'Ahun (Creuse), de la Moselle, etc.

La Grande-Bretagne, la Belgique, la Prusse et la France sont donc en Europe les grands pays producteurs de la houille. Nous rangeons tous les autres pays au second rang et fort en arrière.

Aux États-Unis la houille décèle sa présence en autant de lieux que dans la Grande-Bretagne. Les gisements, quoique produisant moins encore, y sont même beaucoup plus riches.

DU CHARBON DE TERRE (suite).

147.. La Chine déjà à peu près ouverte se place au premier rang par ses amas de combustible minéral. Ces richesses à peine fouillées sont certainement la réserve des âges futurs.

On ne connaissait, jusqu'à ces derniers temps, aucun dépôt important du minéral précieux, ni au Japon, ni en Cochinchine, ni dans l'Inde, ni enfin dans l'Australie, pas plus que dans tout le continent africain et les républiques hispano-américaines. Il paraît peu probable qu'on en découvre jamais d'autres que ceux déjà signalés. Ils sont malheureusement insignifiants.

Voici d'après des documents pris aux sources officielles jusqu'où allait en mil huit cent soixante-cinq la quantité de charbon que le globe entier a dû produire.

Voulant être clair, je relève les chiffres par contrées :

La Grande-Bretagne fraye la route, par cent millions de tonnes..

La Prusse ne révèle sa puissance que par vingt millions.

Viennent ensuite, l'Amérique du Nord pour vingt millions, la France et la Belgique chacune pour douze millions, puis les autres États européens, asiatiques, américains, etc., pour quatorze millions. Ce qui s'élève en chiffre rond à cent soixante dix-huit millions de tonnes, c'est-à-dire qu'il aurait fallu cent soixante-dix-huit mille navires du port de mille tonneaux chacun pour charrier par le monde la houille extraite en mil huit cent soixante-cinq. Cette quantité, qui a dû en mil huit cent soixante-six augmenter de cinq à six pour cent, s'apprête à continuer le mouvement ascensionnel. L'esprit se noierait dans des calculs impossibles si on essayait de résoudre ainsi posé le problème des charriages ; mais c'est presque toujours sur place ou le long des voies ferrées qu'est consommé le combustible minéral. Il vient en suivant les railways qui le jettent et le répartissent aux diverses industries qui veulent s'en servir. Ces voies nouvelles en achètent pour elles-mêmes. Les prix des transports s'élèvent généralement peu, parce que la houille se meut par les chemins de fer jusqu'à de grandes distances. Dès qu'ils furent créés, elle parvint soudainement en des lieux qu'elle n'eût jamais atteints sans leur secours.

La houille a donné naissance aux railways qui, on le sait, ont commencé dans les houillères. On dit, avec raison, sans la houille pas de chemins de fer, mais aussi sans chemins de fer peu de houillères exploitables.

DU CHARBON DE TERRE (suite).

148. L'Angleterre, qui la première s'élança dans la route nouvelle, est restée la nourricière du monde entier en combustible fossile. Tandis que chaque nation s'apprêtait à la suivre, elle s'emparait des marchés. C'est en vain que nos progrès l'y harcellent, elle y reste puissante.

Toute chose finit, toute chose meurt. On demandait à des savants sur quoi se rejetteraient les hommes quand s'enfonçant aux dernières limites des entrailles de la terre ils verront épuisées toutes les mines de houille.

Les savants répondirent en souriant : Il est vrai que la houille ne renaît pas d'elle-même comme le bois. Une fois brûlée, dissoute, elle ne laisse rien. Nous jugeons donc aussi qu'il y a là un péril pour l'humanité. Mais ce péril est loin. Vos yeux percent bien profondément dans les âges futurs, nous ne serons pas de sitôt menacés. Enfin, reprisje, croyant les embarrasser, la houille finira? Oui, répliqua l'un de ces messieurs qui avait aperçu ma malignité, et le tableau est triste! On a arraché le dernier bloc qui adhérait à l'une des assises régulières dont est constituée la majeure partie de l'écorce de notre globe sublunaire. On balaye, on nettoie les derniers recoins de la dernière mine. Les foyers qui étincelaient vont s'éteindre. Ah ! je sens que c'est une grande affaire ! A bon droit l'homme est inquiet.

Mais, reprit le railleur, car je reconnus qu'on me raillait, ne vous alarmez pas trop cependant. Dieu aidant, l'esprit humain découvrira un nouveau combustible, l'homme pourra jusqu'à la fin des siècles manger son dîner cuit à point comme le mangeaient ses ancêtres. Les âges futurs n'envieront rien au nôtre.

Ce petit discours achevé, mon interlocuteur se leva, je ne bougeai ni ne répondis, et je l'entendis très-justement se plaindre d'avoir été ainsi harcelé pour révéler un secret connu seulement de Celui pour qui il n'y a pas de secrets.

DES ORIGINES DU DROIT COMMERCIAL.

149. Voulez-vous savoir de quelle façon s'est constitué le droit commercial? Je peux vous assurer qu'après avoir lu ce qui suit vous serez édifié autant que le permet l'obscurité de l'histoire.

Au douzième et au treizième siècle, tandis que dans les parties supérieures de la société, on allait se querellant, se battant, les commerçants de Gênes, de Florence, de Marseille, sachant choisir leur rôle en ce monde, créaient, assis derrière leurs comptoirs, un droit nouveau, un droit civilisateur : le droit commercial.

Aucun de ces marchands ne s'aperçut qu'il prenait peu de souci du droit civil. Mus uniquement par les nécessités pratiques, ils ne tenaient compte que de l'usage universel du monde commercial.

Ce négociant de Gênes, ou de Florence, ou de Marseille, qui ne s'endort jamais sans un projet, qui sur son navire parcourt le monde connu et que l'intérêt mène successivement en mille endroits divers, ne s'arrêtant que le moins possible, partant au plus vite, puis revenant bientôt, ce négociant, dis-je, n'aurait pu attacher une bien grande importance au droit local, dérivant d'une coutume ou d'une loi particulière. Il convient donc que nous n'oubliions pas dans l'examen que vous faites ici avec moi combien le négociant se trouvait ainsi entraîné à ne regarder que ce qui était admis,

dans tous les parages où l'appelait son négoce et qu'il at-
teignait tour à tour. C'est en nous plaçant à ce point de
vue que nous comprendrons comment fut créée la loi commune du monde commercial. Jetez les yeux sur les tableaux qu'offre l'histoire en ces temps où la société se renouvelle, où le commerce conquiert pacifiquement la terre
et ouvre à l'activité humaine des horizons d'une étendue où
rien n'arrête les espérances, et vous verrez les seigneurs,
qui se harcellent sans cesse, occupés à détruire bien plutôt
qu'à fonder. Leurs exactions ne pouvaient cependant empêcher la croissance mystérieuse de la loi nouvelle s'élevant à côté de la loi civile et le plus souvent en opposition
avec elle.

Ainsi naquit la théorie et la solidarité des assurances, le
droit maritime. Ainsi fut inventée la lettre de change, que
l'on considère comme la plus féconde des inventions de ces
obscurs marchands.

DES ORIGINES DU DROIT COMMERCIAL (suite).

150. A qui allez-vous faire honneur de cette merveilleuse
conception? On ne le dit, on ne le sait.

Tenons-nous pour les juifs couvrant ainsi d'un voile im-
pénétrable l'importance de leurs richesses? Pouvons-nous
reporter le mérite de ce bienfait aux Florentins? Je ne veux
ni ne puis émettre une opinion qui dirigerait la vôtre et je
juge prudent de m'abstenir.

Quoi qu'il en soit, pour que la lettre de change atteigne
le degré d'utilité et s'élève à la puissance où elle est parvenue, il faudra encore qu'un commerçant révèle au monde
cette formule si simple, si claire : « Payez à ordre. »

Vous ne sauriez imaginer l'étonnement et l'opposition
des jurisconsultes lorsqu'on vit s'établir cette innovation. Ce
fut à qui s'agiterait le plus. Chacun d'eux aussitôt s'enfonce
dans des discussions ex-professo. Ils amoncellent les preuves,
jettent les hauts cris et, se plongeant dans les distinctions,
en appellent au Digeste.

Le commerçant, sans que chancelle un moment sa volonté de rechercher le simple et l'utile, laissa les jurisconsultes disserter, pérorer. Il persévéra et il imposa sa coutume. Du reste, pour triompher des légistes qui se plaignaient si fort, les commerçants eurent recours à un procédé efficace. Ils leur dirent : Vos juges nous gênent, ils nous gèlent en nos ardeurs, ils nous ficellent bras et jambes; qu'ils furettent à leur gré les archives du droit, nous ne voulons pas de votre droit, nous élevons de ce jour un droit et des juges qui seront nôtres. Et ils établirent des consuls qui jugeaient, non d'après la loi, mais, comme on disait, selon les bons vieux usages. C'est ainsi que s'est créée la loi commerciale. Nous rend-elle des services? Quelqu'un s'en plaint-il? Voyez-vous inconvénient à ce qu'on la suive en sa plus grande simplicité? Non certes, et plus vous irez en avant, plus vous en apprendrez les mérites.

DES PHARES.

151. Sont appelés phares ou fanaux des feux allumés dans les localités où s'élève une côte ou un écueil et qui servent pendant la nuit de points de reconnaissance aux navigateurs. Ils empêchent ainsi de nombreux malheurs. Le plus ancien et le plus célèbre que nous connaissions est celui que Ptolémée-Philadelphe avait élevé à l'entrée du port d'Alexandrie.

On a vu par les récits des historiens quelle importance on y attachait alors, mais ces mêmes historiens en ont exagéré la portée, en la disant d'une force qui serait égale à celle de nos plus puissants appareils modernes. Ce phare a donné à tous ses successeurs le nom qu'il avait lui-même emprunté à l'île de Pharos sur laquelle il était bâti. Cependant cette opinion est contredite, et la contradiction acquiert à l'examen une certaine valeur. Phare viendrait du mot égyptien *phrah*, qui signifie soleil et rappelle en conséquence l'idée de la plus vive lumière.

Strabon qui faisait pour les voyageurs de son époque la

description du phare d'Alexandrie, célèbre encore un autre édifice semblable qui protégeait les navigateurs à l'embouchure du Guadalquivir. Denys de Byzance dirige les feux d'un autre sur l'entrée du Chrysorzhoas dans le Bosphore de Thrace. Enfin les côtes de France et de la Grande-Bretagne viennent confirmer l'ancienne origine des phares. Elles portent les ruines de tours remontant à la domination romaine dans les Gaules. L'état des lieux permettait encore, au commencement du dix-huitième siècle, de reconnaître celle de Boulogne, et dans un voyage que nous fîmes nous vîmes à Douvres les restes d'une tour opposée élevée par un lieutenant de César.

Autrefois le phare concourait à l'ornementation des villes. On établissait ces constructions dans les ports de mer ; plus le port était important, plus il semblait à propos que la tour fût établie sur des proportions monumentales. Aujourd'hui où l'intelligence de tous se tend, où l'esprit public se meut vers ce qui est réellement utile, on a compris qu'il faut établir ces lumières protectrices sur les côtes les plus inhabitées, qu'elles feront d'autant mieux qu'elles seront placées plus à l'extrémité des caps que la mer bat, déchiquette sans cesse et sur des écueils où le flot se brise en mugissant.

DES PHARES (suite).

152. Les progrès de l'éclairage maritime ont dû suivre ceux de la navigation. A mesure que se déploie l'activité des échanges, à mesure que s'accroît le nombre des navires et qu'ils entreprennent de plus longs voyages, apparaît la nécessité de les guider dans leur route et de faire en sorte que les ports qu'ils créent ou qu'ils rajeunissent, leur soient aussi accessibles de nuit que de jour. Ceux-là se sont accrus en importance qui ont possédé les premiers un bon système d'éclairage.

En commençant par multiplier les phares, on avait mis la main à un travail utile, mais il fallait faire plus. C'est à quoi on s'est appliqué, soit en les perfectionnant, soit en les pourvoyant d'appareils plus puissants, soit encore en les diversifiant de telle sorte que deux phares voisins l'un de l'autre doivent être aisément distingués.

Les administrations locales crurent jadis faire assez en allumant au sommet des tours des feux de bois ou de charbon, quelquefois des torches de résine, ou bien encore des lampes grossières, formées de mèches de coton plongeant dans l'huile ou dans le suif. Cela faisait de tristes signaux et peignait bien l'état de pauvreté où en était encore de ce côté la science humaine.

Argand inventa, en mil sept cent quatre-vingt-quatre, les lampes à double courant d'air. Dès que nous eûmes acquis ce secours, me disait un pilote, nous devînmes plus hardis. Quand un bateau voguait près des côtes, nous craignions moins de le voir s'y briser. Si nous le voyions s'approcher des sables, quoiqu'ils en eussent enseveli un grand nombre, nous nous sentions presque rassurés.

DES CHIFFONS.

153* Les vieux morceaux d'étoffe de toile, de coton, de laine, de soie, voilà ce qu'on appelle communément chiffons. Ces débris sans valeur aux yeux du vulgaire sont l'objet de transactions extrêmement considérables.

Jadis, on n'achetait guère les chiffons de laine que pour fumer certaines terres. Maintenant on les achète en quantité et on les préfère partout à tous les autres.

On en obtient aisément des gants et quelques étoffes à bon marché. Dans l'opinion de beaucoup, les chiffons de soie ne resteraient bientôt pas sans emploi si l'on parvenait à trouver une bonne machine pour les effilocher, ce à quoi il paraît qu'on n'a pas encore réussi. Les chercheurs persévèrent avec raison, ils renouvellent courageusement leurs études en ce sens.

* Des adverbes. — Observations sur les adverbes de manière ou de qualité.

Avec les chiffons de lin, de chanvre, de coton, on compose la pâte du papier. C'est là un emploi absolument consacré ; nous en apprécierons aisément l'importance par ce seul fait que la France, la Belgique, la Hollande, l'Espagne, et quelques autres pays ont plus ou moins sévèrement prohibé l'exportation de ces chiffons.

L'Angleterre, les États-Unis, jettent quotidiennement dans la consommation une si grande quantité de papier que la matière première a dû promptement manquer ; aussi la vont-elles chercher activement sur les marchés de Rostock, de Brême, de Hambourg, de Livourne, d'Ancône, de Messine, de Palerme, de Trieste, où elles se la disputent vivement.

DES CHIFFONS (suite).

154. Le besoin de cette marchandise presse, harcelle tellement Anglais et Américains, que les États-Unis assiégent pour ainsi dire Londres et vont franchement s'y emparer des chiffons qui coûtent pourtant plus cher en Angleterre que partout ailleurs. Dans cette guerre tout se passe courtoisement, gentiment, pourrions-nous dire. Il sort de la Grèce et de la Turquie énormément de chiffons précisément parce que ces contrées font une grande consommation de tissus de coton et ne produisent pas de papier. Entre tous les marchés, la Toscane tient le premier rang. Elle livre annuellement environ douze millions de kilogrammes. La France se suffit à peu près à elle-même, tout en allant bellement, si on la compare à l'Angleterre et aux États-Unis ; elle absorbe chaque année à peu près quatre-vingts millions de kilogrammes de chiffons. La question posée pour le charbon l'a été pareillement à propos du chiffon. N'est-ce pas agir un peu follement que d'étendre ainsi notre dépense en papier ? Le luxe, qui révèle présentement une puissance que rien n'arrête, qui s'accroît si évidemment chaque jour, accroîtra conséquemment pendant de longues années encore la production du chiffon. D'ailleurs nous n'aurons pas besoin de solliciter véhémentement la science. Ses archives

recèlent déjà des procédés faciles qui permettront évidemment d'employer une multitude de plantes textiles et la paille elle-même à la fabrication du papier.

DU JUTE.

155*. Le sujet que nous venons de traiter, plus longuement que nous ne l'aurions dû peut-être, nous conduit à vous parler du jute, matière moins généralement connue que le chanvre, mais presque aussi sérieusement utile, quoiqu'elle ne soit bien travaillée en Europe que depuis peu d'années.

Le jute est l'écorce intérieure d'une plante fibreuse, le — corchorus capsularis — qui n'est très-abondamment cultivé qu'aux Indes orientales.

Après avoir subi le plus souvent une première préparation sur les lieux où il est récolté, il est soumis à l'emploi des machines qui en font un textile très-facilement utilisable.

J'ai sous les yeux un auteur très-bien renseigné toujours, qui nous apprend que la population pauvre de l'Inde ne se trouve pas mal de revêtir des habits de jute. Il dit : La toile appelée — mégili — et que les femmes tissent de leur mieux, est aussi solidement établie et plus agréable à porter que le serait pareille toile de coton. Le moins qu'on puisse en faire c'est d'en fabriquer des sacs d'emballage.

Le plus qu'on ait obtenu jusqu'ici de cette matière première, c'est environ trois cent mille tonnes recueillies chaque année. Sur cette quantité, très-peu, relativement, reste dans le pays, puisque le moins qu'en consomment les Américains atteint presque vingt millions de mètres.

Nous ne savons pas encore en France tirer parti du jute. Tant pis pour nous en vérité, puisque Dundee en emploie actuellement quarante-cinq mille tonnes par an, et tant mieux pour Dundee.

Glasgow menace aujourd'hui Dundee d'une concurrence

---

* Degrés de signification dans les adverbes.

sérieuse. Ces luttes industrielles sont de toutes les luttes humaines celles qui nous plaisent le mieux. Nous y applaudissons beaucoup partout où elles se produisent, mais la chose n'irait pas plus mal à notre gré si nous étions un peu de la partie.

DE LA PUBLICITÉ.

156*. En principe j'en conviens, non, cela ne soulève pas d'objections, l'excellence des matières premières, l'habileté dans la main-d'œuvre, la probité dans l'achat et dans la vente devraient suffire à assurer la prospérité d'une maison de commerce. Mais il ne faut pas mettre une confiance trop absolue en ces mérites. Bon nombre de non succès n'ont eu jamais d'autre cause que cette confiance. Je n'affirmerais pas qu'ils suffisent seuls à écarter toutes les chances de non réussite, assurément vous ne l'affirmeriez pas non plus.

Je ne sais si l'on se rend bien compte aujourd'hui du rôle que jouait autrefois le commis voyageur. Ne cessant de courir le pays, ne se lassant pas de visiter les clients, il remplaçait certes utilement l'annonce. Publicité vivante et ambulante, il allait de ville en ville offrir les produits, il ne quittait point une place sans s'être enquis de toutes les ressources qu'elle pouvait lui offrir et ne partait pas tout à fait content s'il avait laissé échapper une commande. Aujourd'hui encore il n'est pas absolument inutile; je ne connais rien qui lui ait plus nui que la création des chemins de fer. En effet je n'ai vu aucun négociant de province qui, aussitôt après l'achèvement des grandes lignes, n'ait pris l'habitude d'aller faire personnellement ses achats à Paris, à Lyon, à Mulhouse. Que de là soit née l'annonce comme une nécessité nouvelle, cela ne vous étonnera nullement; nécessité plus réelle qu'on ne le pense d'abord, plus impérieuse qu'on ne le croit généralement.

* De l'emploi des adverbes négatifs.

L'annonce existait déjà cependant, mais ne la voyons pas autre qu'elle n'était; aussi timide qu'impuissante, elle n'osait rien et produisait peu. Nous admettons néanmoins que le commerce moderne l'a développée plutôt qu'il ne l'a créée.

DE LA PUBLICITÉ (suite).

157. Je ne crains pas de l'affirmer, l'annonce est légitime en soi et ne me paraît nullement difficile à justifier, pourvu qu'elle ne côtoie pas le mensonge, ne se jette pas dans l'exagération et ne soufflette point impudemment la vérité. L'austère probité doit-elle donc la repousser, et si on la repousse ne fera-t-on pas acte d'inintelligence? En instruisant résolûment son procès, je doute que nous le gagnions. Voici pourquoi.

Je vends tel produit; pour qu'on n'en ignore, il faut au moins que je le dise. L'ayant dit, ne l'oubliera-t-on pas si je ne renouvelle souvent mes avis? Le public est ainsi fait qu'il ne prête qu'une attention distraite aux choses dont on ne l'avertit que légèrement. Il est tellement pressé, sollicité, harcelé, que je crains que vous ne perdiez auprès de lui votre temps si vous ne le contraignez pas à s'éclairer. Empêchez qu'il n'aille au hasard, évitez qu'il ne préfère celui-ci qui le trompera à vous qui le servirez loyalement, prenez garde qu'il ne vous néglige parce qu'il suit la foule qui va si volontiers où on ne cesse de l'appeler. Je ne nie pas que l'espace soit fort étroit ici, entre le trop et le trop peu; mais enfin il n'y a pas de doute que l'annonce honnête, sincère, ne soit légitime et utile.

En sera-t-il de même s'il s'agit de la réclame? J'hésite à croire que cela s'admette jamais. Je ne disconviens pas au contraire qu'il en doive être tout autrement. Examinons : L'annonce, avant que je l'aie expliqué, se comprend de tout avis modeste, simple. Par cela même elle défend qu'on l'exagère. Elle n'a d'autre mérite que la vérité nue. Pour peu qu'on la répète régulièrement, souvent, il n'y a pas à craindre qu'elle ne produise son effet.

La réclame n'est pas autre chose que la louange payée du commerçant lui-même par le commerçant et non autre, à son profit personnel. Elle ne peut apparaître sans que l'impudence dont elle fait montre la trahisse. Il n'est personne qui ne la reconnaisse aisément à la chaleur de ses hyperboles. En fait d'éloges il n'est rien qu'elle n'ose. Les gens sensés ne font que la parcourir, ils passent outre et ne prennent pas la peine de cacher leur dégoût.

Nous rangeons donc sans hésiter la réclame au nombre des moyens qu'un commerçant qui se respecte n'emploiera jamais. Elle ne peut parler qu'elle mente. Il n'est rien, même les choses bonnes en soi, dont elle n'exagère les mérites.

DU CHOIX D'UN COMMERCE.

Mon cher enfant,

158. En vérité, je ne puis relire ta dernière lettre qu'il ne me prenne presque envie de rire. Tu te fais des monstres de choses qui ne sont rien. Que ta situation en ce monde ne soit jamais plus décourageante qu'elle n'est aujourd'hui, et tu devras bénir le ciel de ne t'avoir donné ni plus de soucis, ni plus d'alarmes.

En effet, de quoi s'agit-il? Ton embarras n'étant autre que celui que tu m'avoues, causons un peu : Tu n'as que seize ans, le moment devient prochain où il te faudra choisir une carrière. Sans craindre que tu m'en fasses un reproche, et avec toutes les civilités qui te sont dues, monsieur mon neveu, je me permettrai de n'être pas aussi ému que tu désirerais que je le fusse.

« Tu veux être commerçant, il n'est rien que tu ne fasses pour le devenir. » Voilà un premier point dont je reçois la confidence avec une joie réelle. Mais il ferait beau voir que tu en vinsses à dédaigner la profession de tes aïeux. Tu ne feras que ton devoir en ne changeant pas de chemin pour éviter celui où les tiens ont à jamais marché avec honneur.

Sur ce point, je ne crains pas qu'on vienne essayer de me contredire.

Il n'est homme de mon âge qui ne te confirme ceci : autrefois, sans que la loi en fût écrite nulle part, il était d'usage que le fils consacrât ses efforts à continuer les affaires du père.

Que je meure d'une journée perdue, si je comprends quelle maladie ensorcelle aujourd'hui nos enfants. Ce que nous faisions leur paraît si ridicule, si fastidieux, qu'ils y renoncent à jamais avec un empressement déplorable. Il est vrai que ce qui les absout un peu de ce dédain, c'est le soin que nous déployons nous-mêmes pour les y préparer.

DU CHOIX D'UN COMMERCE (suite).

159. Les chers ignorants ne font que d'entrer dans la vie, ils n'ont ni l'expérience, ni le sang-froid, ni les lumières qui leur seraient nécessaires pour voir clair dans nos dégoûts. Quatre-vingts sur cent se disent, et je ne crains pas ici que tu me reproches de rien exagérer : mon père y a passé, je ne veux y passer à mon tour et n'y passerai point. Tristes effets d'imprudentes réflexions, je ne les rencontre jamais sans y opposer une vigoureuse réplique ; mais le mal nous déborde, nous envahit, et je sens que je n'ai ni l'éloquence, ni la puissance de persuasion qui seraient nécessaires pour lutter contre ce torrent de folles raisons.

Cependant nous verrions certes moins d'épargnes laborieuses en un jour dissipées, si on prêchait un peu plus le respect des héritages. Sans doute vous connaissez tous les défauts de la charrue à laquelle vous avez été longtemps attelés, si vous craignez qu'elle blesse ceux que vous aimez et qui vont s'y atteler après vous, je vous excuse ; mais encore faudrait-il que vous connussiez bien toutes les qualités de celle que vous leur conseillez. Si vous en rencontrez jamais une qui soit parfaite, je consens à n'être qu'un bonhomme, arrivé, hélas ! à l'âge où l'on radote.

En attendant, neveu, comme j'ai encore toute ma tête,

ne dédaigne ni ne repousse ce conseil : sache mettre ta
dignité à manger dans l'assiette où ton père mangea. Il
n'est personne qui ne se fasse parmi ses clients d'autrefois
honneur de t'accueillir. Crains-tu qu'il en soit autrement?
cela ne saurait arriver. Sur quoi se baserait cette crainte?
ce ne serait peut-être que sur ton insuffisance. Si elle existe,
où ne la porteras-tu pas? Encore elle se trouvera de beaucoup amoindrie si tu suis la profession de ton père.

DU CHOIX D'UN COMMERCE (suite).

160*. Mus par la meilleure intention du monde, quelques-
uns emploient leur logique pour te démontrer les mérites
de telle ou telle partie. Je ne vois là rien à reprendre. En
agissant ainsi, ils sont de bonne foi, je veux y croire. Ils ne
consultent que ton intérêt, je n'y contredis pas. Sache-le,
pourtant, leur audace me confond. Là où ils te promettent
un avenir florissant, j'hésiterais, je t'assure, à tant m'avancer. Je suis moins osé, moi; je te dis: Prépare-toi, de longue main, à succéder à ton père. Là où il a réussi tu dois
réussir. Je te promets aussi la richesse ; mais je ne te la
promets, ni facile, ni prompte : encore faudra-t-il, pour y arriver, que tu fasses un apport de vertus, égal à celui que
mon frère reçut de notre aïeul.

Examinons l'affaire, en gens aussi prudents que résolus
et qui ne s'émeuvent point pour un nuage sur le soleil. Ces
nuages-là sont vite résous en pluie, on est un peu mouillé
et tout est dit.

Donc, te voilà décidé à acheter et à vendre ce qu'achetait, ce que vendait ton père. Tu penses avec raison qu'il
y a autant de mérite à cela qu'à chercher imprudemment
des aventures. Mon souci devient alors aussi grand que
le tien.

Où feras-tu ton apprentissage? Qui complétera ton éducation? Demeureras-tu dans la maison paternelle ou ne

---

* Observations sur quelques adverbes. Place des adverbes.

vaudrait-il pas mieux chercher ailleurs? Il est impossible autant qu'inutile de vouloir éluder la question.

Au temps jadis, que nous croyons volontiers si mauvais et rempli de tant d'abus, dès que la barbe pointait à la lèvre de l'un de leurs fils, les nobles faisaient venir le jouvenceau et lui tenaient à peu près ce discours : « Oyez, monsieur, ce que nous avons arrêté pour votre honneur autant que pour le nôtre. Vous allez vous rendre sous la protection de notre écuyer, auprès de tel seigneur notre ami. J'ai reçu de lui la promesse qu'il essayera de faire de vous un chevalier aussi courtois que brave. Je suis si honoré d'une telle bonté, elle vient à notre aide si fort à propos, que vous devez vous en montrer non moins digne que reconnaissant. N'ayez souci que celui à qui vous allez avoir désormais à obéir empiète sur notre autorité; si grande qu'elle soit, nous la lui avons remise tout entière. Plus il vous demandera, plus vous devrez faire; moins vous l'obligerez à vous rappeler vos devoirs, plus nous serons, votre mère et moi, satisfaits de vous. Comme il convient à des hommes, supportons et abrégeons les adieux; si tristes qu'ils puissent être, cela sera digne de vous autant que de nous. Point de vains regrets, ayez la belle ardeur qui convient à votre nom et va si bien à la jeunesse. Autant je vous aime, autant je vous veux voir, avant mes derniers jours, digne de vos aïeux. »

DU CHOIX D'UN COMMERCE (suite).

161. Le discours était sans doute plus éloquent, mais ce qui importe le plus pour nous c'est que le jeune homme n'en appelait à personne, c'est qu'il se montrait aussi fier qu'heureux de l'ordre reçu; s'il en gémissait un peu, il le faisait si bas, si bas, avec tant et tant de discrétion que le bon Dieu qui aime les fils respectueux daignait très-certainement ne pas s'en apercevoir.

Où tend ce verbiage, me dis-tu, neveu. Prononçons donc au plus tôt, puisqu'il le faut, le mot si gros de séparation. Tu ne saurais mieux faire que de te placer, dès tes débuts,

sous le gouvernement d'un homme entendu aux affaires qui
n'aura pour toi des complaisances qu'autant que tu les auras méritées.

C'est ainsi que les choses se sont passées pour moi. Je
m'en suis très-souvent réjoui. J'avais grand besoin de sentir le joug ; mon père qui s'en aperçut à temps résolut de
me placer tout de suite chez l'un de ses correspondants. Le
digne homme était aussi rude qu'honnête. Pris de la sorte
et tout à coup, j'eus bien un peu à souffrir; mais à la longue
je m'y fis et plus tard, loin de m'en plaindre, je m'en ap-
plaudis plutôt. En effet cette rudesse servit à adoucir mon
caractère et s'il ne céda pas tout de suite aux exigences
de la situation, comme il n'y avait nul moyen pour moi d'y
échapper, je m'arrangeai naturellement pour m'en trouver
aussi bien que possible.

Employé à tous les travaux, j'en pris peu à peu l'habitude
en même temps que le goût. Les usages particuliers de la
maison que j'eus de suite occasion de remarquer intro-
duisirent dans mon esprit des termes de comparaison sur
les différentes manières d'administrer les affaires, sans que
cela tirât davantage à conséquence, quant à l'estime que je
faisais très-justement de mon père. J'appris plus vite ainsi
qu'on pouvait faire autrement que lui sans cesser de faire
bien et même en faisant mieux quelquefois. Lorsqu'on se
modèle sur les gens il faut se garder de devenir leur copie
servile, et la chose ne manque pas d'arriver de suite quand
on s'en tient à la fréquentation restreinte d'un très-petit
nombre d'hommes.

Plutôt que de s'acoquiner dans un milieu unique, il est
bon de courir un peu le monde. Tu iras pour voir et pour
écouter un peu partout où se fait le commerce, mais tu seras
patient, tu n'auras pas la folle ambition de gagner beaucoup d'argent tout d'un coup, tu ne te laisseras pas davantage emporter par la prétention de devenir trop vite ton
maître. Prétention absurde d'ailleurs. Quand on n'est plus
le subordonné de quelqu'un on l'est encore et surtout de son
propre honneur d'abord, et de son propre intérêt ensuite.

Je m'arrête, ami, et j'en viens de suite à mes conclusions : ne change rien aux choses que Dieu semble avoir préparées pour nous. Prends la profession de ton père plutôt que toute autre. Autant elle lui a été favorable, autant elle te le sera, si tu n'as point hâte de jouir tout de suite des satisfactions que permet la fortune conquise. Puis, quand se sera opérée en toi une transformation qui t'aura plus ou moins complété, tu viendras plus ou moins vite, recueillir l'héritage de sa vie.

Jeunes commerçants, honorez vos ancêtres. Entourez-vous pour les jours de lutte de tout ce qui les rappelle à la mémoire des gens de bien. Plus je m'arrête à cet avis que je vous donne et plus j'y entrevois de raisons pour vous le donner.

Je clos ici cette longue épître, mon bien-aimé neveu, et je la cachette avec ma vieille devise : plus que dois.... comme je la signe de notre vieille raison sociale, en remerciant Dieu d'avoir pu en être jadis le second terme.

LEBRASSEUR père et fils.

DE LA GUTTA-PERCHA.

162*. La gutta-percha ou gutta-tuban, comme l'appellent les Malais, est originaire des Indes. L'isouandrapercha producteur de cette merveilleuse gomme appartient à la famille des sapotées.

Cet arbre a de vingt à vingt-quatre mètres d'élévation et de deux à trois mètres de diamètre. Ses feuilles ont de huit à dix centimètres de long. Elles sont de forme arrondie à la base avec la pointe en fer de lance. Sur la face supérieure elles ont une teinte vert pâle, sur la face inférieure elles sont d'un brun rougeâtre. Son bois est de nulle valeur pour les constructions. Son fruit produit une huile concrète. Chez les naturels de l'archipel Indien on en assaisonne les aliments. Il croît en abondance dans l'île de Sin-

---

* CHAP. VII. *De la préposition.* Pour marquer le lieu, la place.

gapore, dans les forêts de Lahore, à l'extrémité de la péninsule malaisienne, à Kéli sur la côte ouest de la même île. Dans ces derniers lieux les habitants le nomment — niato. Il en existe aussi un grand nombre dans les autres parties de cette grande île et dans les milliers de petites îles qui se groupent sous la même latitude.

Voici le mode employé parmi les naturels pour se procurer la gutta-percha : ayant choisi entre tous l'arbre qui leur convenait, ils l'abattaient par le pied et en recueillaient la séve laiteuse dans une sorte de bâche faite de la tige creuse d'un bananier, puis ils plaçaient cette séve en plein air où elle se coagulait promptement. Ce moyen conduisait rapidement vers la destruction des arbres producteurs. Heureusement, devant la menace d'un prompt épuisement de leurs ressources et avec le conseil des Européens, les naturels ont adopté un procédé moins barbare. Ils se contentent aujourd'hui de pratiquer devant, derrière, autour du tronc, des entailles inclinées qui permettent à la gomme de s'échapper.

DE LA GUTTA-PERCHA (suite).

163 *. Dès que la découverte fut connue dans le monde industriel, elle excita une vive émulation parmi les chercheurs qui visent aux applications productives. Depuis longtemps on n'avait vu un pareil engouement, et si après le premier moment passé il a fallu beaucoup rabattre des promesses qui furent faites d'abord, sans conteste, la gutta-percha reste encore l'une des substances les plus employées.

On en fait aujourd'hui des courroies qui peuvent sans altération se trouver en contact avec les huiles, les acides.

Avant l'introduction de la gutta-percha on était souvent embarrassé quand il s'agissait de faire emploi de tuyaux pour l'écoulement de certains liquides plus ou moins cor-

---

* Pour marquer l'ordre et le temps. Pour marquer l'union et la séparation.

rosifs. Depuis qu'on possède cette substance on a dû réduire de beaucoup l'usage du plomb pour les conduites d'eau servant à la fabrication des bières, du cidre et du vin. Après ces premières applications on est arrivé par des manipulations diverses à en obtenir des pompes, des robinets, des brocs, des cruches, des seaux, des syphons, des entonnoirs, etc.

La chirurgie, toujours en éveil dès qu'une occasion lui paraît offerte d'améliorer ses appareils, n'a pas manqué de demander au produit nouveau ce qu'il pouvait donner.

La gutta-percha usuelle, c'est-à-dire après qu'elle a été mécaniquement épurée, est solide et dure à la température ordinaire mais non élastique comme le caoutchouc. Sauf l'étrangeté de l'accouplement dans les mots, on l'a assez bien nommée : cuir végétal, en raison de sa consistance. Outre les applications qui lui sont particulières on en forme à chaud, avec le caoutchouc, une sorte d'alliage qui participe à la fois des propriétés de l'une et de l'autre gomme.

Hormis les débris ligneux et quelques impuretés qui la souillent, elle ne contient aucune substance étrangère qui nécessite une préparation particulière. Sauf des broyages et des lavages à l'eau chaude, il n'y a rien à faire pour la livrer au commerce. Nous la recevons des Indes sous forme de masses feuilletées, de rouleaux et le plus souvent de pains coniques terminés par un anneau.

DU CAOUTCHOUC.

164*. En raison de son importance et aussi parce qu'il est plus anciennement connu, nous aurions dû peut-être placer le caoutchouc avant la gutta-percha. Il y a cinquante ans à peine, cette substance, malgré ses précieuses qualités, n'avait encore aucun emploi. Je me souviens très-bien de l'é-

---

* Pour marquer la convenance ou l'opposition. Pour marquer l'objet, l'intonation. Pour marquer la condition.

poque où, à l'état brut, elle servait à quelques personnes pour effacer les traces du crayon. Nous autres écoliers, nonobstant cette application plus relevée, nous nous contentions alors de la couper en longues et minces lanières que nous étirions avec soin, pour nous composer des balles élastiques, comme on n'en voit plus guère aux mains de nos successeurs.

Le caoutchouc existe dans beaucoup de végétaux de la zone équatoriale, particulièrement, selon les botanistes, dans plusieurs arbres de la famille des euphorbiacées.

En pratiquant sur le tronc des arbres, suivant leur grosseur, un certain nombre d'incisions transversales, depuis la base jusqu'aux branches les plus élevées, on en fait découler entre les surfaces de l'écorce un suc laiteux qui tient en suspension trente et un pour cent de caoutchouc.

Touchant la forme des poires ou des bouteilles sous laquelle on a si longtemps rencontré le caoutchouc, dans le commerce, voici ce que disent les auteurs : Dans les régions équatoriales de l'Amérique, on applique une couche de cette substance sur des moules de terre, on fait sécher cette couche au soleil ou à la fumée avant d'en ajouter une seconde envers laquelle on agit de même, puis on fait suivre quelques autres par-dessus les premières. Moyennant cette manipulation, on obtient, en brisant la terre et en faisant sortir les débris par une ouverture ménagée à cet effet, les espèces de gourdes grossières que nous connaissons tous.

Au Para, au lieu de terre, on se sert d'une pelle de bois trempée dans le suc laiteux. Vu sa nature, on comprend que le suc adhère aux deux faces de la pelle. On le fait sécher, comme nous avons dit, durant le temps nécessaire et en coupant à ses deux extrémités latérales l'espèce de fourreau ainsi produit, on a des lames ou feuilles d'une teinte uniforme, brunâtre, qui valent dans le pays depuis deux jusqu'à quatre francs le kilogramme.

Excepté ce mérite d'un soin plus grand dans les procédés de la récolte, le caoutchouc de Para et de la Guyane est, à peu de chose près, semblable à celui des autres provenances. Il est nonobstant le plus estimé. Et cela se comprend, quand en face de celui de Java, on s'aperçoit que ce dernier contient jusqu'à vingt pour cent de terre, de sable, de débris végétaux.

DU CAOUTCHOUC (suite).

165. On importe annuellement, en France, pour plusieurs millions de caoutchouc. Le caoutchouc fondu peut remplacer avec un succès complet le suif et les corps gras pour faciliter le jeu des robinets. Malgré sa porosité excessive, un bouchon de liége enduit de caoutchouc fondu devient tout à fait imperméable. Suivant l'usage qu'on en veut faire, on le ramollit dans l'eau chaude pour en fabriquer des tubes et des ballons, on le dissout dans l'éther pour obtenir l'imperméabilité des tissus. Selon le dire de certains voyageurs, c'est aux Indiens qu'est véritablement due l'invention des tissus imperméables au moyen du caoutchouc. Il serait curieux de pouvoir comparer leurs procédés avec ceux mis en pratique par notre industrie.

Attendu la facilité avec laquelle le caoutchouc perd son élasticité par le froid et la facilité non moins grande avec laquelle il s'amollit sous l'influence de la chaleur, son emploi serait resté très-limité. Heureusement, on a découvert que le soufre pouvait lui donner les propriétés souhaitées.

Mélangé avec ce corps, il n'est plus soluble dans les véhicules qui dissolvent le caoutchouc ordinaire. Il ne se soude plus avec lui-même, il résiste sans éprouver d'altération à la température qui aurait transformé le caoutchouc ordinaire en matière poisseuse. Sous cette forme on l'a nommé caoutchouc volcanisé, malgré l'impropriété du terme.

Si les applications du caoutchouc ordinaire sont déjà très-nombreuses nonobstant les qualités qui lui manquent, celles du caoutchouc volcanisé le sont encore davantage. On en fait, outre des tubes de toutes grosseurs pour les gaz et les liquides, des lanières, des appareils chirurgicaux en nombre toujours croissant, des coussins, des ressorts, des rondelles d'ajustage qui remplacent le papier, le carton, le mastic, etc.

On obtient encore du caoutchouc mélangé au soufre un produit non plus élastique, mais dur et rigide comme le marbre. Dans cet état, on en fait des crosses de fusil, des manches de couteau, des meubles, des instruments de musique, des mesures métriques, des peignes à tisser, etc.

DES BOIS DE FUSTET, DE GAYAC ET DE QUELQUES AUTRES.

166*. La nomenclature des bois du commerce est loin d'être épuisée. Si nous voulions l'épuiser, cela nous conduirait à plus de détails que nous n'en voulons donner. Néanmoins nous citerons encore quelques espèces.

C'est d'abord le fustet, espèce de summac qui croît dans les parties méridionales de l'Europe et de la France, quoiqu'on le trouve également à la Jamaïque, à Tabago et dans les Antilles. Nous devions vous l'indiquer puisqu'il sert aux luthiers, aux ébénistes, aux tourneurs, ainsi qu'aux teinturiers.

— Lorsque vous avez besoin d'un bois dur propre à la fabrication de pièces mécaniques destinées à supporter un frottement, le gayac vous le fournira.

— Les contrées chaudes de l'Amérique nous envoient le bois de grenadille dont les ouvriers en meubles font usage.

— Si je parle en passant du bois de hêtre, c'est afin que nous en négligions le moins possible puisque vous le connaissez tous. Nous ne nous arrêterons pas davantage au bois d'if, bien qu'il en vaille la peine, à cause du parti que la charronnerie peut en tirer et aussi pour ses loupes qui sont fort recherchées.

— Les bois jaunes de Cuba et de Tampico, par le nom qu'ils portent, nous sont suffisamment désignés. Après que nous vous les avons cités, il ne nous reste que peu de

---

* CHAP. VIII. *De la conjonction*.

chose à vous en dire, si ce n'est qu'on ne sait pas encore très-bien en Europe quel arbre les produit.

— Pendant que le riche emprunte à vingt bois divers le luxe de ses meubles, les gens plus modestes trouvent dans le noyer l'un des plus utiles et des plus précieux.

— L'orme autant que le frêne, dont nous avons parlé ailleurs, est recherché des charrons. Ce bois aussi fournit aux ébénistes des loupes très-estimées.

DES BOIS DE PALISSANDRE, DE PEUPLIER ET DE QUELQUES AUTRES.

167. Nous continuerons cette intéressante revue tant que nous ne l'aurons pas épuisée.

Le palissandre est l'un des bois les plus recherchés et les plus employés pour la confection des meubles de prix. De ce que nous en recevons des quantités considérables, n'allez pas conclure que nous le connaissons bien. Attendu que jusqu'à ce jour les naturalistes n'ont pu nous éclairer sur sa nature, nous en sommes réduits à vous apprendre qu'il vient des régions chaudes de l'Amérique du Sud ; notamment du Brésil et de la Guyane hollandaise.

D'une couleur tirant sur le violet il brunit après qu'il a été exposé quelque temps à l'air et il exhale une odeur de violette.

— Nous nommons seulement le peuplier, car il n'a d'importance que pour la menuiserie commune et particulièrement pour les ouvrages de layetiers. Il n'en est pas de même du poirier, ni du pommier. Ces deux arbres de nos vergers et plus particulièrement le poirier sont justement appréciés pour la fabrication des règles, des équerres et de tous les instruments analogues.

Soit qu'on emploie leur bois pour sculpter des objets d'art, soit qu'on les utilise pour la gravure, ils répondent à toutes les exigences de l'ouvrier ou de l'artiste.

— Quand vous rencontrerez une racine que l'on tirait autrefois de Rhodes, de Chypre, et de quelques autres îles de l'Archipel grec, ce qui l'a fait nommer bois de Rhodes, vous la reconnaîtrez à ses formes contournées, ainsi qu'à son écorce d'un gris rougeâtre; mais surtout à une forte odeur de rose qui s'en dégage dès qu'on le râpe. D'où cette autre désignation: bois de rose.

— Le bois de Sainte-Marthe est le second parmi les bois rouges, nous le devons au Mexique.

— Le bois de Santal citrin est employé en médecine et en parfumerie. Il est très-recherché par les ébénistes et les tourneurs. D'où vient-il? Pour que je vous le dise il faudrait qu'on n'en fût plus aux conjectures, cependant on le croit originaire de Chine et de Siam.

DES BOIS DE SAPIN ET DE SASSAFRAS.

168 *. A côté du chêne, auquel nous laisserons cependant comme il convient le premier rang, nous placerons le sapin, parce que c'est l'un des plus beaux arbres de notre hémisphère, parce que, plus que tout autre peut-être, il est d'un usage aussi général que nécessaire. Quoiqu'il ne soit pas un bois de luxe, on en fait des meubles qui plaisent à l'œil. Quant aux navires, ils lui demandent une partie considérable des éléments qui servent à les établir.

Quoi que vous construisiez en fait de magasins ou de logis destinés à l'habitation, il entre dans les pièces de charpente souvent plus que le chêne. Quand nous voyageons nous le retrouvons le long des lignes de chemin de fer portant les fils du télégraphe.

Par ce que nous venons d'énumérer, nous étions donc en droit de dire que le sapin se place, comme ressource et comme richesse, tout à fait à côté du chêne.

— On a introduit en France un laurier sassafras qui, quoique originaire des régions les plus chaudes de l'Amérique septentrionale, s'est parfaitement acclimaté chez nous. Il est à désirer de le voir s'y multiplier parce que sa

* Observations sur quelques conjonctions.

racine donne un bois dont l'ébénisterie, la tableterie, etc.,
tirent un parti avantageux.

DU BOIS SATINÉ, DU BOIS DE TERRE FERME, ETC.

169. Nous pourrions citer encore parmi les bois de même
genre le bois satiné que Cayenne nous expédie, le bois de
Terre-Ferme, inconnu comme arbre et quant à la classe
à laquelle il faudrait le rattacher, nommé bois de Terre-
Ferme, parce que cette contrée de la Colombie nous l'envoie. Enfin un dernier bois inconnu comme le précédent et
nommé celui-là : bois violette, à cause de son parfum.

Quoique je ne prétende pas à célébrer comme il con-
viendrait les mérites du thuya, quand vous m'aurez lu vous
reconnaîtrez que j'ai eu raison de faire appel à votre attention. Par ce que je vous en veux dire ici, vous jugerez à peu
près des ressources qu'il présente. Par la vivacité des teintes, la finesse du grain, la beauté du poli, la loupe de thuya
ressemble au plus bel acajou ; mais son dessin la distingue
tout à fait. Ce ne sont point des veines, ou des gerbes, ou
rien d'analogue ; mais des nœuds circulaires, d'une couleur
rougeâtre, semés régulièrement sur la surface ainsi que le
sont les taches noires sur le pelage des léopards et lui donnant un aspect original, très-agréable à l'œil ; aspect qui
pourrait faire désigner ce bois sous le nom de bois tigré.

DE LA POLITESSE ET DE LA COMPLAISANCE.

170 *. Nous avons énuméré ailleurs les qualités qui nous
paraissent nécessaires aux commerçants, nous conseillons
d'y joindre encore la politesse et la complaisance.

Oh ! nous savons très-bien que nos recommandations pourraient ne point s'adresser aux seuls commerçants. Hélas !
tant de gens, qui se disent bien élevés, manquent au respect
de ces deux lois sociales.

* CHAP. IX. De l'interjection.

Vraiment ! rien n'est plus difficile, plus délicat, plus fatigant, que les rapports des marchands en détail avec le public. Vous êtes au comptoir depuis le matin, vient une heure de la journée où la foule s'y presse. Mon Dieu ! vous ne pouvez servir tout le monde à la fois ; mais faites-le entendre sans sortir des convenances et l'on se résignera.

Vous donnez un renseignement, une explication, on vous comprend mal, on ne vous comprend pas... Aïe ! prenez garde ! C'est que vous vous êtes trop hâté. Patience ! recommencez.

Un chaland ne sait pas au juste ce qu'il veut ; silence ! laissez-le vous exposer à quoi il destine l'objet qu'il vous demande, puis conseillez-le avec discrétion. Si vous lui jetez sous les yeux trois, quatre, dix échantillons et zest ! lui tournez les talons, soyez assuré que vous le blesserez. Il ira ailleurs mécontent.

Ah ! prenez garde, là se trouve une distinction à faire. Je ne veux point dire que tout acheteur qui se présente doive, quand même, trouver chez vous ce qui lui convient. Oh ! non ; mais au moins il doit regretter de ne l'y point trouver à cause de la façon honnête avec laquelle vous vous êtes mis à sa disposition.

Vous fait-on déplier beaucoup de pièces d'étoffes, délier vingt paquets, ouvrir dix cartons, oui-da ! j'en conviens, c'est là une besogne fastidieuse.

Vous impose-t-on cette besogne pour une acquisition minime, hum ! je le veux bien, la tâche en soi n'a rien d'agréable.

Enfin, toute cette peine aboutit-elle à ne rien vendre ; ouais ! je vous l'accorde, la déconvenue est pénible à accepter.

Examinons quelques-uns des personnages à qui vous pouvez avoir affaire.

Ce sont les femmes d'abord : oh ! à quelque rang de la société qu'elles appartiennent, elles ont le droit d'attendre de vous une respectueuse courtoisie.

Sont-elles jeunes? holà! point de galanterie, c'est la politesse des sots.

Sont-elles âgées? eh bien, voyez à côté de leur visage celui de votre mère ou celui de votre aïeule et agissez en conséquence.

Quant aux enfants, faut-il donc que je vous en parle? allons! je le ferai; mais pour vous dire seulement que celui qui ne se montre pas vis-à-vis d'eux complaisant et patient à l'excès, mérite qu'on tienne en suspicion son intelligence et son cœur.

Ah! je vous vois aux prises avec un quidam qui vérifie la mesure, le poids, qui nie la qualité, qui cherche à la loupe les défauts et prétend en trouver quand même : dame! il est dans son droit; par votre attitude réservée il comprendra que votre probité se place sans effort hors de l'atteinte de ses soupçons.

Les gens indécis sont très-difficiles à contenter, soit! nous irons même plus loin que vous, ils sont impossibles à contenter; mais baste! ce sont en général les meilleures gens du monde. Ne les pressez en rien, guidez-les avec une extrême discrétion, ils vous en sauront gré et dans beaucoup de cas finiront par s'en remettre, très-volontiers, à votre jugement.

Trouvez-vous qu'il y ait quelque mérite à faire dépenser à tel acheteur économe plus que la somme dont il voulait faire emploi?

Certes! c'est de l'habileté.

— Vous approuvez aussi que par des importunités déguisées on amène tel autre acheteur à accepter une marchandise quelconque pour celle dont il voulait faire emplette.

— Eh! c'est de l'habileté plus grande encore.

Merveille selon vous que cette habileté, n'est-ce pas? Eh bien, non, sachez-le, cette pression ne vous conduira à rien de bon, elle aboutira seulement à écarter, pour l'avenir, ceux qui s'y seront laissé prendre une première fois.

Le marchand intelligent est celui qui sert vite, scrupuleusement et donne des choses qu'on lui demande ou les indique si elles lui manquent.

Nous hésitons presque à vous entretenir, pour terminer, des clients ridicules.

Qu'un ridicule vienne d'une infirmité du corps ou d'une infirmité de l'esprit, il n'appartient à personne d'y trouver un motif de plaisanteries. Chut ! donc, railleurs, si vous tenez un comptoir. Paix ! donnez la marchandise que vous vendez à l'argent qui vous la réclame. Vous n'avez point affaire à la personne ; mais à la bourse.

Hé ! la ! d'ailleurs, messieurs les étourneaux, qui trouvez matière à vos gaietés impertinentes où la commisération devrait vous imposer une réserve polie, êtes-vous donc certains d'être si parfaits et n'avez-vous rien en vous qui puisse donner à rire ?

DE L'INDIGO.

171 *. En parcourant les magasins vous rencontrerez une infinité de sortes d'indigos. Nous avons vu beaucoup d'habiles connaisseurs hésitants et déconcertés ne savoir trop comment les classer. Les vade-mecum et les guide-âne que l'on pourrait essayer de rédiger pour aider à reconnaître les prix marchands de cette substance ne remplaceront jamais l'expérience. C'est donc en touchant, en examinant, en tournant et retournant beaucoup d'échantillons que les yeux et la main ne s'égarant plus sur un signe extérieur, mais peu certain, suffiront à reconnaître les qualités diverses.

L'indigo s'extrait de plusieurs végétaux et surtout d'une certaine quantité de plantes appartenant à la famille des légumineuses et portant le nom de — indigofera. — Ces végétaux existant originairement dans les deux Mexiques ainsi que dans les deux Indes, ont été propagés dans le Levant, l'Afrique, le Brésil, Cayenne et les îles d'Amérique.

L'indigo du commerce n'est point une substance pure. La matière colorante y est alliée avec une résine rouge, du

---

* Participes.

carbonate de chaux, de la silice, de l'alumine, etc. Ces différentes matières y sont parfois en tel excès qu'on rencontre certains indigos fournissant aux travaux de la purification des déficits s'élevant jusqu'à soixante-quinze pour cent.

En résumant nos connaissances sur ce sujet, voici les détails que nous pouvons donner sur les caractères généraux de l'indigo. Il se présente sur nos marchés en morceaux offrant toutes les formes, quelquefois en carreaux cubiques ou plats d'une couleur bleue, variant entre les bleus clairs, les bleus violets, cuivrés et noirâtres. Les morceaux sont secs, fermes, faciles à rompre. Leur cassure est nette, mais plutôt opaque que brillante. Ils pèsent peu et surnagent si on essaye de les plonger dans une eau dormante. Une des propriétés les plus particulières à l'indigo, c'est de prendre, par le frottement de l'ongle et des corps durs, une teinte brillante analogue à l'éclat des métaux et de donner un reflet cuivre rougeâtre. De tous les mémentos énumérant les épreuves pour bien apprécier la qualité d'un échantillon, cette dernière est peut-être la plus sûre et la plus concluante.

La pâte est ordinairement fine, homogène et légère. On rencontre cependant des indigos s'écartant de cette règle. La pâte y est alors grossière, elle présente des irrégularités de nuances, des trous analogues aux yeux du fromage, des espèces de soufflures, ou enfin des traces de moisissures et des grains de sable. Cela dépend de la manière dont la dessiccation a été opérée. On rencontre encore parfois des pâtes d'indigos sèches, dures, cassantes et donnant par la cassure de larges écailles. Enfin, certaines autres se brisant, s'émiettant aisément, fournissent, par le simple va et vient des caisses, une grande quantité de grabeau ou résidus.

DE L'INDIGO (suite).

172. L'indigo n'a pas d'odeur reconnue. Il est aussi sans saveur; mais si on le passe sur la langue il en résulte une légère adhérence qui tient à un état de porosité qui lui est

particulier. Cette porositée est souvent consultée par les experts pour les aider dans les examens qu'ils sont appe- à faire.

L'extraction de l'indigo et son application aux tissus, qui paraissent avoir été fort anciennement connues dans l'Inde, nous sont restées, à nous, inconnues jusqu'à la fin du seizième siècle. Vers cette époque la Hollande a été l'édu- catrice de l'Europe pour l'emploi de cette substance dont l'u- sage demeura fort restreint jusqu'au milieu du dix-septième siècle. Depuis lors, l'indigo a suivi dans notre industrie des crescendo non interrompus. On en cultiva bientôt assez au Mexique et dans les îles pour que l'Inde ait cessé prompte- ment d'être notre seule pourvoyeuse.

La plante qui fournit l'indigo est bisannuelle, mais elle est épuisée dès la première année. C'est au mois de mars qu'elle est semée, deux mois après on fait une première récolte. Après un espace de deux mois encore, une seconde récolte est entreprise, et quelquefois plus tard une troi- sième est essayée, voire même une quatrième, selon les pays.

Les coupes de la première période, considérées comme les meilleures, donnent les plus beaux produits. Les autres vont en déclinant de qualité et de quantité.

La plante est coupée avec des faucilles et disposée par couches dans une très-grande cuve où on l'empêche de surnager en la maintenant sous des poids ou des cailloux.

La fermentation une fois accomplie, on fait passer le liquide par des trous pratiqués au fond de la cuve, il est conduit dans une autre cuve où on le mêle, en l'agitant avec de l'eau de chaux.

Lorsque l'indigo est déposé, on le lave dans ce dernier récipient, puis il est enlevé pour être séché à l'ombre.

Pendant les longues guerres qu'ont soutenues nos aigles impériales, l'Angleterre étant maîtresse des mers et fai- sant bonne garde devant nos ports, malgré l'énergie et les combinaisons que nous lui avons opposées, la France se trouva privée des denrées coloniales. Les savants de ce

temps-là se sont ingéniés à remédier au mal. Ils cherchè-
rent à extraire l'indigo du pastel. Leur œuvre très-encou-
ragée réussit; mais en dépit des efforts qu'ils ont tentés, le
résultat fut en somme presque négatif, et aussitôt la paix
rétablie on se hâta d'en revenir aux indigos exotiques.

DU THÉ.

173. Nous sommes loin d'avoir examiné ensemble tous
les produits qui font l'objet de transactions commerciales.
À ceux que nous avons déjà étudiés, ajoutons ici le thé.
Cent autres denrées que nous avons omises, donnent lieu
à un trafic plus considérable. Il a cependant une importance assez grande pour lui consacrer nos dernières pages.
Toutes les boissons que vous avez bues chez nous, sous le
nom de thé, sont préparées avec les feuilles d'un arbrisseau
qui, dans certaines circonstances favorables, atteint presque les proportions d'un arbuste de moyenne grandeur.
Cette plante, que les botanistes ont rangée dans la famille
des camélias, est originaire de la Chine, on l'y nomme
tcha. On l'a appelée tsjaa, au Japon, tea, en Angleterre, et enfin thé en France, ainsi que nous venons de
le dire.

Toutes les variétés qui peuvent y être comptées se réduisent à deux pour le consommateur, le thé vert et le thé
noir. Ces deux sortes nous sont bien connues, nous en
avons beaucoup vu. Elles donnent lieu dans nos ports à
de nombreuses expertises, nous avons assisté à ces expertises autant de fois qu'il nous a plu, et les différences que
nous avons reconnues entre les échantillons divers viennent
toutes des procédés de conservation.

Nous avons appris, par les récits que nous avons entendu
faire, que la Chine et le Japon connurent les propriétés
aromatiques du thé dès les temps les plus reculés. Le secret passa de là à l'Inde, à l'Arabie, à la Perse. L'usage
du thé au contraire ne se répandit que fort tard en Europe, vers le milieu du dix-septième siècle seulement,

et à quels dangers se sont exposés pour nous le donner les Hollandais de qui nous le tenons!

Des calculs que j'ai pu vérifier établissent que l'Angleterre, en mil sept cent cinquante-neuf, ne recevait que cinquante-six kilogrammes de ce produit; tandis que c'est plus de trente milliers qu'elle a consommés annuellement depuis le milieu du siècle, encore la consommation s'est-elle considérablement accrue dans ces derniers temps.

On préfère les feuilles de la première pousse. Les motifs que l'on nous a donnés pour cette préférence c'est que leur produit est plus délicat que tout autre. On estime encore la deuxième cueillette, elle livre des feuilles plus développées et produit les thés les plus abondants. Les troisièmes et les quatrièmes feuilles ne valent guère la peine que l'on a eue à les récolter. On n'en obtient que des thés inférieurs. Les procédés de dessiccation varient suivant l'âge des feuilles. Si c'est la sorte verte que l'on a souhaité obtenir, on a desséché assez rapidement. En laissant prise aux fermentations spontanées, on payerait la faute que l'on aurait faite de procéder trop lentement, par un insuccès complet. Les thés noirs s'obtiennent par une méthode tout à fait différente, nous ne vous la décrirons pas; les études que nous vous avons engagés à faire, et que vous ferez certainement à toute occasion, suppléeront à notre silence.

DU THÉ (suite).

174. Les sommes qu'une cargaison de thé vert a coûté, elle ne les a jamais valu si on la compare à pareille quantité de thé noir. En thèse générale, l'emploi de ce dernier est très-préférable à l'emploi du premier.

Le peu de probité que les Chinois ont toujours apporté dans leurs transactions commerciales a fait du thé vert l'objet de fraudes aussi coupables que dangereuses, et le peu de détails que les voyageurs nous ont révélés sur ce sujet suffit grandement à justifier la préférence que nous vous conseillons.

L'expertise de la qualité des thés demande beaucoup d'essais. Ce n'est qu'avec le temps qu'on arrive à une grande sûreté d'appréciation, juste récompense pour ceux qui réussissent, des peines qu'elle leur a coûtées.

Les maisons de commerce qui font des affaires considérables se sont souvent exposées à de sérieux désagréments pour n'avoir pas eu le soin d'établir, à leur usage particulier, un laboratoire spécial pour l'essai des thés. Combien de déboires cette omission leur a valus! Que de contrariétés ils se seraient évitées par cette simple précaution. Maints marchés que nous avons vu résilier ne l'auraient point été si les mesures que nous recommandons ici avaient été prises.

Dans une leçon que j'ai entendu faire autrefois, le professeur nous disait : Le goût, la couleur, l'odeur du thé doivent être l'objet d'un examen aussi attentif que celui auquel sont soumis les grands vins de la Gironde et de la Bourgogne, encore restez-vous exposés à être trompés quand même vous auriez pris toutes les précautions que vous avez pu.

Le peu de renseignements que nous avons possédé jusqu'ici sur la Chine ne nous a pas permis d'apprécier au juste les quantités de thé qu'on y récolte, mais nous savons néanmoins qu'elles sont considérables.

Les thés noirs sont particulièrement consommés en Angleterre. L'Amérique, au contraire, achète spécialement les thés verts.

Les thés sont vendus par *piculs* et *taels*. Autant de calculs ont été faits à ce propos, autant de résultats analogues se sont produits, c'est-à-dire que le thé revient à un franc quatre-vingt-dix centimes environ le kilogramme.

Les Chinois expédient leurs thés dans des caisses de bois blanc. Celles que j'ai vues, celles que l'on a pesées devant moi avaient la même forme et le même poids pour les variétés semblables.

C'est trois cent mille kilogrammes que la consommation française a pesé, dans ces dernières années. Ce chiffre
s'accroîtra assez rapidement, selon toute apparence, nos
relations intimes avec la Chine donnent le droit de le supposer; mais il n'est pas encore bien prouvé que les avantages qu'elles nous ont valus compensent, dès maintenant,
les sacrifices qu'elles nous ont coûtés.

FIN.

TABLE ALPHABÉTIQUE

DES SUJETS DE LECTURES OU DICTÉES.

FIN DE LA TABLE ALPHABÉTIQUE DES SUJETS.

TABLE GRAMMATICALE.

FIN DE LA TABLE GRAMMATICALE.

9766 — Imprimerie générale de Ch. Lahure, rue de Fleurus, 9, à Paris.

NOUVELLES PUBLICATIONS
RÉDIGÉES CONFORMÉMENT AUX PROGRAMMES OFFICIELS DE ?
POUR L'ENSEIGNEMENT SECONDAIRE SPÉCIAL
(Tous les volumes ci-après sont imprimés dans le format in-18 jésus et car?)

LANGUE FRANÇAISE.

Grammaire de l'enseignement secondaire spécial, par M. Sommer. 1 vol. 1 fr. 50.

Lectures ou dictées, par M. Lelion-Damiens, économe du collège Rollin (année préparatoire et 1re année). 3 vol. :
Tome I, contrées agricoles. 1 fr. 50.
Tome II, contrées commerciales. 1 fr. 50.
Tome III, contrées industrielles.

Premiers principes de style et de composition, par M. Pellissier, professeur au collège Chaptal (2e année). 1 vol. 1 fr. 50 c.

Morceaux choisis des classiques français (prose et vers), adaptés au précédent ouvrage. 1 vol. 1 fr. 50 c.

Principes de rhétorique française, par M. Pellissier (3e année). 1 vol. 3 fr.

Morceaux choisis des classiques français (prose et vers), adaptés au précédent ouvrage. 1 vol. 2 fr. 50 c.

Textes classiques de la littérature française, extraits des grands écrivains français, avec notices biographiques et bibliographiques, appréciations littéraires et notes explicatives, par M. Demogeot (3e année). 2 vol. 6 fr.

GÉOGRAPHIE ET HISTOIRE.

Géographie de la France, par M. Richard Cortambert (année préparatoire). 1 vol. 1 fr.
Atlas correspondant. Grand in-8°.

Géographie des cinq parties du monde, par M. E. Cortambert (1re année). 1 vol. 1 fr 50 c.
Atlas correspondant. Grand in-8°.

Géographie agricole, industrielle, commerciale et administrative de la France et de ses colonies, par le même auteur (2e année). 1 vol. 2 fr.
Atlas correspondant. Grand in-8°.

Géographie commerciale des cinq parties du monde, par M. Richard Cortambert (3e année). 1 vol.
Atlas correspondant. Grand in-8°.

Simples récits d'histoire de France, par MM. Ducoudray et Feillet (année préparatoire). 1 vol. avec gravures. 2 fr. 50 c.

Simples récits des histoires anc'enns, grecque, romaine et du moyen âge, par les mêmes (1re année). 1 vol. 3 fr. 50 c.

Histoire de la France depuis l'origine jusqu'à la Révolution française, et grands faits de l'histoire moderne de 1485 à 1789, par M. Ducoudray (2e année). 1 vol. 3 fr. 50 c.

Histoire de France et histoire générale depuis 1789 jusqu'à nos jours, par le même auteur (3e année). 1 vol. 3 fr. 50 c.

Histoire moderne et contemporaine, depuis 1643 jusqu'à nos jours (4e année). 1 vol. 4 fr. 50 c.

ARITHMÉTIQUE ET COMPTABILITÉ.

Éléments d'arithmétique, par M. Pichot, professeur au lycée Louis-le-Grand (année préparatoire et 1re année). 1 vol. 2 fr. 50 c.

Arithmétique élémentaire, par M. Bovier-Lapierre, professeur à l'École normale de Cluny (année préparatoire et 1re année). 1 vol.

Cours d'arithmétique commerciale, par M. E. Jeanne, professeur à l'École supérieure du Commerce (2e année). 1 vol. 3 fr.

Cours de comptabilité, par M. Courcelle-Seneui (1re, 2e, 3e et 4e années). 4 vol. Chaque volume, 1 fr. 50.

GÉOMÉTRIE, TRIGONOMÉTRIE, ALGÈBRE, GÉOMÉTRIE DESCRIPT?

Géométrie, par M. Saint-Loup, professeur ? ? culté des sciences de Strasbourg :
Année préparatoire (géométrie plane).
Première année (géométrie plane). ? ?
Deuxième année (géom. dans l'espace.

Principes d'algèbre, par MM. H. Sonnet et ? (3e et 4e années). 1 vol. 2 fr. 50 c.

Cours élémentaire de géométrie descript? M. Kœss (3e et 4e années). 2 vol. 5 fr.

Traité élémentaire de trigonométrie recti? M. Dovier-Lapierre, professeur à l'École? de Cluny (4e année). 1 vol. in-8, broché, 3 ?

Notions élémentaires de trigonométrie recti? M. Bezodis (4e année). 1 vol. 1 fr 50 c.

Notions élémentaires sur les courbes usuel? le même (4e année). 1 vol. 2 fr.

HISTOIRE NATURELLE, PHYSIQUE, CHIMIE, MÉCANIQUE, COSMOGR?

Éléments de zoologie, par M. Gervais, ? à la Faculté des sciences de Paris : ?
Notions préliminaires (1re année, 1?? ? 1 vol. 2 fr. 50.
Mammifères (année préparatoire et 1?? 2e partie). 1 vol.
Oiseaux, Reptiles, Batraciens, Poissons ? maux sans vertèbres (2e année). ? ?
Anatomie et physiologie des animaux ? 1 vol.
Zoologie appliquée à l'agriculture, à ? et à l'hygiène (4e année). 1 vol.

Éléments de botanique, 3 volumes :
Année préparatoire, 1re et 2e années. ?
Troisième et quatrième années (clas? et usages des plantes). 1 vol. 3 fr.

Éléments de géologie, par M. Hanlin (préparatoire, 1re, 2e, 3e et 4e années).

Cours élémentaire de physique, par M. Go? fesseur au prytanée de La Flèche :
Première année. 1 vol. 3 fr.
Deuxième année. 1 vol. 3 fr.
Troisième année. 1 vol. 3 fr.
Quatrième année. 1 vol.

Éléments de chimie, par MM. Debem? ?
Première année. 1 vol. 1 fr. 50.
Deuxième année. 1 vol. 2 fr. 50.
Troisième année. 1 vol. 3 fr.
Quatrième année. 1 vol.

Cours de mécanique, par M. Éd. Coll? titeur à l'École polytechnique :
Troisième année. 1 vol.
Quatrième année. 1 vol.

Éléments de cosmographie, par M. Amédée ? min (3e année). 1 vol. 3 fr. 50.

LÉGISLATION, MORALE, INDUST? ÉCONOMIE POLITIQUE.

Éléments de législation usuelle, par M. De? avocat, docteur en droit (3e année). 1 vol.

Éléments de législation commerciale et indu? par le même auteur (4e année). 1 vol. 3 fr.

Éléments de morale, par M. A. Franck, de l'Institut (3e et 4e années). 1 vol.

Les grandes inventions scientifiques et indu? par M. L. Figuier (4e année). 1 vol. 1 fr.

Cours d'économie rurale, industrielle et ? ciale, précédés de *Notions d'économie ?* par M. Levasseur (4e année). 1 vol.

Imprimerie générale de Ch. Lahure, rue de Fleurus, 9, à Paris. — Mai.